中公新書 2632

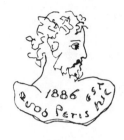

津止正敏著

男が介護する

家族のケアの実態と支援の取り組み

中央公論新社刊

はじめに

「男性介護者と支援者の全国ネットワーク（男性介護ネット）」の発足（2009年）以降、私たちが「新しい介護者」として関心・着目してきた男性介護者は、いまこの社会の介護者の組織と運動の一翼を担おうとしている。介護する夫や息子などは、実数にすればもう100万人を優に超え、主たる介護者の3人に1人を占めるに至っている。各地で活動する男性介護者の会や集いは、私たちと交流を持つところだけでもすでに150か所を超えているし、今も新しいグループが発見され、また生まれている。男性介護ネットがその活動の柱としてきた仕事と介護の両立というテーマは「介護離職ゼロ」として国家政策の舞台にまで引き上げられている。

本書では、こうした「新しい介護者」としての男性介護者を焦点化し、まずはその介護と暮らしの実態を明らかにする。全国で胎動する男性介護者のコミュニティ（会や集い）の実際を取り上げる。そして、彼らが先取りし切り拓《ひら》こうとしている介護のある暮らしを標準とするような新しい「生き方モデル」を提示し、次代の希望の光としようと思う。

認知症や寝たきりなど心身に障害のある家族を介護する人は長い間「介護者」という一般語で語られてきた。その介護する人は、今も昔も多くは女性が担ってきたにもかかわらず、決して「女性介護者」とは言われてこなかった。介護者といえば妻や嫁や娘を暗黙に含意していたようだが、いま「男性介護者」という新しい介護者が世間の注目を集め、「ケアメン」という言葉も生まれた。もちろんこの劇的な関心の広がりは介護に難のある、苦労している人ということの含意もあるが、むしろ社会の注視の背景には介護を排除することなく共存しようという新しいライフスタイルの牽引者《けんいんしゃ》としてのイメージにこそあるようである。

　これまでも介護する男性がいなかったわけではない。公刊されている介護体験記の多くは圧倒的に男性の介護者の手によって上梓《じょうし》されているし、配偶者や親の介護を担った有名識者が「デキる男」のお手本としてメディアで持てはやされたこともあったし、今もそれは続いている。だが、近代以前、江戸時代では男性の介護役割は至極日常化されていたことや、むしろ育児や介護という家族のケアを担う主要な責任は父親の重要な役割であったこと、などもすでに歴史家の研究によって私たちの知るところになっている。家族のケア役割が妻や嫁、娘たちという特定の性に特別に割り当てられてきたのは長い人類史のスパンで見ればつい最近のことと言えよう。

　こうして見れば、男性が介護するということ自体はなにも珍しいことではなく、ましてや

「デキる男」などと言って賞賛されるようなことでも何でもないように思える。だからこそ、女性が介護すれば当然で男性がやるとなぜ「特別」に扱われるのか、という声が今も私たちに届いている。この声をどう受け止めたらいいのだろうか。男性介護者をフォーカスした本書に課せられた問いでもあろう。

確かに近年の政策トレンドとなっているワーク・ライフ・バランスや男女共同参画という視点から見れば、介護者役割を担う男性が増えているということは喜ばしいことには違いない。しかし、男性の介護実態を見れば決して手放しで歓迎されるような事態にはなっていない。介護問題は解決されるどころか、たとえば介護心中や虐待といった不幸な事件は減少するどころか増え続け、その加害者の多くは介護する夫や息子たちだという事態が示している通りである。介護部面での男性介護者のウエイトの高まりは、場面や課題によっては問題をさらに深刻化している状況を生んでいるとも言えるのだ。

生活スキルを期待されるどころか逆にそこから排除さえされてきた男性には、入浴・排《はい》泄《せつ》・移動といった介護の困難はもちろんのことだが、不慣れな炊事・掃除・洗濯・買い物などの日々の生活の課題もある。仕事中心の暮らしからは地域コミュニティも縁遠い。核家族・単身世帯という小さな家族の増加は、家族間での介護代替性という循環を喪失させ、主たる介護者に一切の介護責任を背負わせる。被介護者から四六時中目が離せずに自由になる時間が全くなくなり疲弊する介護者がいる。家族の大黒柱という規範や自負が自縄自縛となって過剰な家族的責任を呼び込む。弱音を吐かずに誰《だれ》にも頼らず一人ですべてを抱え込み、葛藤《かっとう》を深める。介護にも成果を追い求める「ビジネス・モデル」のような男性特有の介護スタイルが社会との関わりを疎遠にし、孤立に向かわせる。仕事と介護の二者択一を迫られ仕事を辞める人もいる。家計の大黒柱の介護離職は経済的問題を発生させ、経済的基盤の揺らぎは将来の希望をも奪い絶望へと接続する。ある日突然にこれまでの生活バランスを失い危機をはらんだ介護生活——多くの男性介護者によって語られてきた介護実態である。

介護はつらくて大変だということは、言うまでもない厳然たる事実に違いない。ただ、留意したいのは、私たちの取材に対応し介護体験記を記した多くの介護者が異口同音に「でも、それればかりでもない」と発したことだ。介護はささやかなりとも希望にも喜びにも浸れるような、直面して初めてその価値に気がつく生活行為でもあるというのだ。この社会の主流となっている、介護を排除してこそ成り立つような暮らしと働き方への異議申し立てと言えよう。本書が提起しようとしている「介護のある暮らしを社会の標準に」という主張はこうした「つらくて大変、でもそれればかりではない」という介護者の両価的感情との出会いから生まれたものだ。

１００万人を超える男性の介護実態が教えているのは、これまで介護を担ってきた女性たちと「同じように」男性も介護しようということではないのだ。この社会が自明としてきた無償かつ無制限、無限定の家族の介護労働というこれまでのシステムとスタイルをただなぞっていくことだけでは、いま私たちが抱えている介護問題は決して解決しないということではないか。「男性介護者」が厳然たる社会層として、そして彼らが深刻な社会問題の担い手として成立する背景要因がここにあるのではないか、と考える。本書が提示しようとする介護者として生きるという男性の新しい「生き方モデル」もこの文脈に照らせば、超高齢社会という時代の要請に応《こた》える創造性豊かな意味を持ってくる。

男性を介護の射程に収めることは、視点を変えると男女が共に介護を担う時代を見据えることにあり、男女が共に手を携えて、家族と自分の老後を安心して託すことが可能な新しい介護社会のシステムを創造していくことにほかならない。これは、家族介護を礼賛しそこへの誘導を主張することとは一線を画し、何より「介護の社会化」の延長線上で家族と介護を捉《とら》えようというものだ。いわば、家族等をいたわり気遣う権利（ＩＬＯ１５６号条約「家族的責任を有する男女労働者の機会及び待遇の均等に関する条約」１９８１年）という観点からこの社会の介護を考えてみたいのだ。

本書は、介護が必要になった家族とともに生きる100万人を超える全国の男性介護者とその予備軍たる中高年の男性たちに贈る連帯のメッセージである。万全の準備をして介護に臨んだ人、備えなく突然に介護場面に押し出された人、これまでの愛情や支えの恩返しを胸に一歩を踏み出した人、家族責任の思いからすべてを引き受けようと覚悟を決めた人、仕事と介護の両立に難儀している人、離職を余儀なくされた人。家族を看取《みと》った人もいれば、新たに次の人生を歩き始めた人もいる。いわば、時代のフロントランナーとして戸惑いながらも介護者の道を歩むことになったすべての男性たちに心からのエールを送ろうと思う。

そして、私たちのこれまでを振り返りながら、これからを一緒に考えようと思う。私たちがこの10年来耳を傾け、活動を共にしてきた男性介護者を主題としている本書が、たとえささやかではあっても、介護の社会的合意の水準を引き上げていくための運動に幾ばくかの貢献が叶《かな》うのであれば、これに過ぎる喜びはない。大介護社会の到来というこの時代の新しいシステム設計に一石を投じてみたい。

付記

介護する男性といえば、すぐにもホームヘルパーや介護福祉士など介護現場で働く男性専門職の存在が想起されるかもしれないが、本書が主題としているのはこうしたプロの介護労働者ではなく、家族介護者である。本書で随所に登場しキーワードとなっている「男性介護者」とは、在宅で主たる介護者として親や妻など家族の世話を担っている息子や夫などという男性たちを総称している。

こうした在宅で家族を介護する男性は、厚生労働省の「2019年国民生活基礎調査」によれば、実数にすればもう100万人超、同居の主たる介護者の実に3人に1人を占めている。本書では、断りのない限り厚生労働省のこのデータに依拠して筆を進めているが、5年に一度実施される総務省の「2017年就業構造基本調査」や「2016年社会生活基本調査」のデータでは、本書第4章でも詳述しているように介護者総数のそれぞれ37・0%、39・7%が男性という実態も明らかになっている。

これらの政府調査は、その目的や手法の違いもあって単純に比較できるものではないが、いずれにしても、家族介護者の中では、男性はもう例外的で希有な存在でなくなっていることは確かである。

目次

第2章 江戸の親孝行から『恍惚の人』まで
——介護する男たちはどう語られてきたか

第3章　嫁はもう「絶滅危惧種」!?
——家族と介護の変容 77

第4章 団塊ジュニアの「不安」――仕事と介護のストレス

第5章　「もっと群れよう、男たち！」
――介護と「男の修行」

文中に登場する人物の年齢・所属・肩書き等は、特に断りがない限り、刊行時のものです。

男が介護する

第1章　「真人間の世界へようこそ！」

――ネットワークの10年

コロナ禍の「間のある緩い」つながり

パンデミック（世界的大流行）を引き起こしたコロナ禍によって、私たちのこれまでの暮らし方は激変した。各地の男性介護者の会や集いも休会の憂き目にあった。対面での語らいや一杯酌《く》み交わしての息抜きが介護疲れを癒してくれるというのに、ストレスも倍加する。もう主たる介護者の3人に1人は男性介護者という時代。その居場所づくりを組織してきた私たちに今できることを、とあっという間に身近な交流のツールとなったズーム（Zoom）を使っての交流にチャレンジしている。

面と向かってこそ意味も通じる「あれ」「これ」「それ」が会話に頻発する我らが世代にと

っては、オンラインでの意見交換は至難の業《わざ》。メール（Mail）、ライン（LINE）、フェイスブック（Facebook）、ツイッター（Twitter）ときて次はズームかと適応不能を嘆くが、それでも試行錯誤を繰り返しながら、ミーティングに臨んでいる。

「さぬき男介護友の会」（香川県高松市）の森寛昭さん（78歳）と九十九《つくも》芳明さん（72歳）に声を掛けた。九十九さんは、週3回デイサービス（通所介護）に通う91歳の母親を通い介護する息子介護者だ。森さんは在宅で妻を介護して15年のベテラン、2020年6月から「男性介護ネット」の代表にも推された。

ズームを使って3人で話したこと。近隣の保育所に集団感染が起こり併設する介護事業所も濃厚接触が疑われ休業措置寸前に。コロナ禍がすぐ隣に迫ってくるような不安に駆られた。生活リズムも壊れて、コロナ太り3キロが「我が家の緊急事態」。「県外の近親者が帰省した場合、デイサービス利用を2週間休むように」という事業所からの通知に、この春東京の大学に進学したばかりの次女の顔が浮かび、「帰って来るな」というのかと驚いた、等々。少し脱線、すごくモタモタの30分だった。

でも、距離感は一挙に縮んだ。パソコンのディスプレイ越しだが、上半身顔出しの語らいも悪くはないか、と気持ちも弾んだ。肩肘《かたひじ》張って理詰めで迫りがちな男たちには馴染《なじ》みの薄いこの「間《ま》のある緩い」関係。案外と男性介護者とは相性がいいかもしれない。

かつて「介護者」といえば、妻や娘や嫁という女性であることを含意していた。介護問題は、性別役割の固定化というこの日本社会のジェンダー規範を最も象徴する分野だった。だが、今は同居の主たる介護者の３人に１人は男性、その数は優に１００万人を超えるという時代だ。男性介護者の目から、介護のある暮らしの現在・過去・未来を覗《のぞ》いてみようと思う。

失敗談も「武勇伝」になった

私が知る限りだが、この国で活動する男性介護者の会や集いを主宰する団体は１５０か所を超える。世界にもあまり例のないことらしい。一番の〝老舗《しにせ》〟は東京の「荒川《あらかわ》オヤジの会」。１９９４年に発足し、その会の終身会長は荒川不二夫さん（93歳）。私たち男性介護ネットの初代会長でもある。

この会の発足当初からのメンバー、看護師の松村美枝子さん（66歳）が面白いエピソードを語っている。訪問看護で伺った男性介護者はずいぶんと手のかかる人ばかり。「大丈夫ですか」と聞いても「ハイ」としか言わない。介護の方法を伝えても、イヤ俺には俺のやり方がある、と言って絶対耳を貸そうとしない。だから、男の人たちだけで集まったら、との発案があってオヤジの会が始まった。会場は居酒屋。普段は寡黙《かもく》な男たちもアルコールが入るととたんに饒舌《じょうぜつ》になる。

失敗談も「武勇伝」になった。妻のブラジャーを買いに行ったとき、店員さんにサイズを問われて、「おたくと同じくらいと言ったら、それはないだろ？と笑われた」と話す人がいた。荒川さんだった。そんなことだったら俺にもある、と話し出した人もいる。妻にグンゼのパンツをと頼まれ、買ってきたら叱《しか》られた。「これMサイズ！私はL。取り替えてきて！」「男がいったん買ってきたもん、返せるか！」「じゃあ、これどうすんの」「俺が穿《は》く！」。恥ずかしいことも、失敗したことも、ここでは見事に反転する。自分だけかと思っていたら、似たようなこと、同じようなこと、みんなしているんだな、と妙な自信や安心感も生まれる。

介護の話になると、早速に「俺流」介護の披露が始まるが、単なる自慢話では終わらせないところがミソだ。あまり「俺流」に固執すると、しまいにはヒートアップし険悪になって場がシラける。そのうち、俺はこうやっている、あんたに合うかどうか分からないけど、と締めるのが一番だと折り合ってくる。

当事者同士のコミュニティで自生するお互いが横に並ぶような関係は、指揮命令系統に束ねられたヒエラルキーの職場や、支援する人と支援される人が対面で向き合う相談室とは全く対照的な関係だ。

小さいけれど、大きな組織

私たちが取り組んできた男性介護ネットの活動は、介護分野での大きなトピックスとしてささやかながらも社会の関心を集めてきた。介護する夫や息子に着目してこそクリアに可視化し得る領域、たとえば家事、仕事、家計等々、介護隣接領域との相関性などを社会問題として構築しながら、社会的発言にも関わってきた。この社会で際立ったジェンダー規範に支配されてきた介護問題を男性側から検証するということでも一定の貢献があったといってもいい。そして何より、このネットワークは、介護する男性という立場を同じくするコミュニティを全国各地に広げていったことにその存在を際立たせているようだ。

昔は、一人っ子なら女の子、老後の介護が安心だから、とまことしやかに言われたものだが、息子や娘という実子に限っていえば介護者の性差はほぼなくなってきている。実際、介護する男性たちはもう同居の主たる介護者の中で3人に1人を占めているように、男女を問わず誰もが介護の現実に直面する時代を迎えている。私が事務局長を務めている男性介護ネットはこうした時代の象徴的なものとなったが、地元紙や全国紙はこのネットワークの発足を社説やコラムで「悩み語り、支え合いたい」、「『ケア友』をつくろう」という見出しで私たちの出発を取り上げ、次のように紹介した。

〈介護のまっただ中にある男性介護者らの悩みや課題に耳を傾け、支援する全国組織「男性介護者と支援者の全国ネットワーク」が今月八日、京都で産声を上げる。（中略）ネットワークの狙《ねら》いは、男性介護者が互いに交流し、本音で悩みを打ち明けられる場を提供することだ。（中略）介護する男性の生の声をくみ上げ、積極的に発信してもらいたい。〉

（京都新聞2009年3月2日朝刊）

〈「認知症の人と家族の会」や男性介護研究会が呼びかけ、各地のグループ10ほどが京都に集まって「男性介護者と支援者の全国ネットワーク」が発足する。情報交換を重ねて、いずれは政策提言などもするという。

介護する男性の集まりが地域ごとにできるといい。悩みを打ち明け、情報や経験を伝え合うだけで、どれほど励まされることだろう。まずはそんな「ケア友」をつくることだ。〉

（朝日新聞2009年3月8日朝刊「社説」）

スタートした私たちの男性介護ネットは、2018年8月8日に会員番号がやっと1千番に到達した小さなネットワーク。長い介護が終わった、本人に介護が必要になったなどの理由で退会される方もいることから、在籍者は700人弱（2020年3月現在）。それでも、すべての都道府県に1人以上の会員がいる。小さいけれど全国組織という少しユニークな介護者団体であることには違いない。

これまで育児や介護など家族のケアを引き受けるという責任主体とはみなされずに、そのすべてを女性に預けても決して社会的逸脱とされることはなかった。炊事・掃除・洗濯・買い物といった家事を担うこと、介護・育児のために職場から排除されキャリアを剝奪《はくだつ》されることなど、女性であれば当然視され、社会からは支援の対象として認知されることもなかった生活の事柄が、いざ男性が当事者となると、なぜに社会問題と化すのか。また場合によっては、特段に注目され、さらには称賛さえされるのか。この社会に深く根を下ろすジェンダー規範を乗り越えていくにはどうすればいいのか。この課題に、男性たちのケアのコミュニティはどう関わり得るのか。ネットワークの10年は、いつもこうした問いに向き合いながら交流する日々だった。

「男性諸兄、真人間の世界へようこそ!」

2009年3月8日、発足のイベントには遠くは九州や北海道から160人の介護者が集まった。会場となった私の本務校である立命館大学末川《すえかわ》記念会館のホールは、そのほとんどが白髪交じりの中高年の男性たちで埋まった。所用で静岡まで行くのだが、京都で途中下車してこのイベントに立ち寄ったという人。地元にも「家族の会」はあるけれど、女性ばかり。この集会に参加すれば自分と同じ立場で介護する人と出会えるのではないか、とその参加の動機を語った人。下《しも》の世話も大変だが妻の体調の状態を知るには一番だ、と介護の意味を語る人。かつての企業戦士もいれば、労働運動の闘士もいた。スピーチが途切れることはなかった。何かこの国の介護の世界が一変するのではないかと思うほどの高揚感に包まれた。

この日、3月8日は、知る人ぞ知るとても大事な記念日。国連が1975年に定めた国際女性デーだ。「パンとバラ」をスローガンとするこの記念日は、20世紀初頭のアメリカでの女性労働者による労働時間の短縮、賃上げ、選挙権、児童労働の廃止を訴えて「パンとバラ」のスローガンを掲げて行ったデモ行進が起源と言われている。パンは、賃金や労働条件などの経済的安定、バラは女性の尊厳として生活の質の向上を示している。男性介護者の全国ネットワークの発足日が、国際女性デーと重なったことは、介護問題がジェンダー規範を最も端的に象徴しているという分野でもあったことから、意図せずしてこのネットワークの意味合いを、介護問題に接続する家族・ジェンダー問題へも拡張して一段と深化させることにもなった。

ネットワーク発足の日、「高齢社会をよくする女性の会」の樋口恵子《ひぐちけいこ》理事長から届いたインパクトのある応援メッセージ（表1）は今も印象に残っている。介護することは人間の証明だから私は「介護をしない男を人間と呼ばない」。介護者がまとまれば社会を動かせると、男性介護者の組織化の必要を訴えた。そして男性介護ネットの発足にエールを送り、私たちを鼓舞してくれた。

表1 樋口恵子さんのメッセージ

「男性介護者と支援者の全国ネットワーク」発足を心よりお祝い申し上げます。

　かつて厚生労働省のポスターは言いました。「育児をしない男を父とは呼ばない」。そのひそみに倣い、私、樋口恵子は言いました。「介護をしない男を人間と呼ばない」。

　介護は人間しかしない、他の動物は決してしない営みです。ですから、介護することは人間の証明です。

　性別役割分業のもと育てられた男性は、具体的な介護の仕事に戸惑い、悩むことが多いでしょう。しかし一方で、男性には長年にわたって築き上げた社会的スキルがあります。孤立していてはその力は発揮できませんが、まとまれば、社会を動かせます。

　今は小さな介護休業制度を、男性管理職モードに作り替えれば、企業の中の介護の位置づけが変わり、働く女性もどんなに助かるかわかりません。男性諸兄、介護の世界にようこそ！

　真人間の世界へウェルカム！

　男女両性の協力で、介護が大きな化学反応を引き起こし、介護の地平が新たに拓けますように。広く、大きく、豊かに。

　2009年3月7日
　　　　高齢社会をよくする女性の会理事長　樋口恵子

〈男性諸兄、介護の世界にようこそ！

真人間《まにんげん》の世界へウェルカム！

男女両性の協力で、介護が大きな化学反応を引き起こし、介護の地平が新たに拓けますように。広く、大きく、豊かに。〉

「ケアメン」って!?

男性は、介護されこそすれ、介護する側の課題としては長い間、議論の表舞台に上ってはこなかった。しかし、この舞台の裏側では、種々の課題を抱え煩悶《はんもん》しながら介護を担う夫や息子が急増し、その存在が世間にも知られるようになってきた。彼らをして「男性介護者」と総称し、さらには「ケアメン」という造語も生まれた。「イクメン」が当時の流行語大賞にノミネートされた頃、私たちはそれに倣《なら》って「ケアメン」という言葉をこっそりと、恐る恐る使い始めた。育児に積極的な男性をモデルにしようと提唱するのであれば、介護する男性はもっと先を走っているではないか？　育児休業該当者のうち休業取得している女性80％超に比して男性はいまだ10％にも満たないというあまりにも大きな男女差に比べ、介護分野での性差は驚くほど縮減していた。主たる介護者の男女比では女性2に対し男性1ということや育児に比して圧倒的に性差の少ない介護休業の取得率。こうしてみると家族の介護を担う男性こそ支援の対象とする社会モデルにふさわしいものではないか、と考えたからだ。

そして、頻発する介護心中や殺人、虐待など不幸な介護事件の加害者あるいはその予備軍として男性介護者をみなすようなステレオタイプな論調が、メディアを席巻《せっけん》していることへの私たちなりのアンチテーゼとして問題提起する意味合いも込めていた。男性と介護をもっとポジティブなメッセージでつなげてほしい、だから男性介護者を時代の先端を走る「ケアメン」と呼んでほしい、ということだ。こうした私の思いを初めて公にしたのは男性介護ネット発足2周年記念式を準備していた頃、読売新聞の猪熊律子さんの取材を受けたときだ。それは同紙の「私のあんしん提言」欄に「介護できる『ケアメン』に」と題する記事になった。

〈会員の体験記を読んで印象的だったのは、介護には喜びや生きがいもあるという指摘。仕事一筋の時には見えなかった家族間の思いやりやコミュニケーションが、生活に彩りを添えている。介護はつらくて嫌なもの、排除したいものとされてきたが、ケアを組み込んだ生き方や働き方のほうが、実は、人生を豊かにできるのではないか。無論、押し付けは論外だが。育児を積極的にこなす男性が「イクメン」と呼ばれるようになった。育児と介護はだいぶ違うが、あえて「ケアメン」を提唱し、介護も仕事も生活も楽しめるような社会、地域づくりを提案したい。〉

（読売新聞2011年2月1日朝刊）

「ケアメン」に込めた私の思いはこのようなものだったが、「恐る恐る」使い始めたというのは幾つかの手厳しい批判を念頭に置いていたからだ。すでに「イクメン」に寄せられていたような女性がやれば当然視され男性であればなぜ特別扱いされるのか、というジェンダー視点からの批判もあり、男性に限った介護の困難性や支援そのものへの疑問も、当然だがあった。たとえば、医師として「呆《ぼ》け老人をかかえる家族の会（現・認知症の人と家族の会）」発足当初から長く家族の会の運営に尽力し、晩年は自身が妻を介護する夫となった三宅貴夫《みやけよしお》さんはこのネットワークについて次のように記している。

〈全国各地で活動していた男性介護者のグループがあり、それらを繋《つな》ぐ組織でもある。（中略）こうした男性介護者の全国団体が他の国にあることは知らない。もっとも我が国で在宅介護において男性に特化する課題があるかどうかは疑問であり、在宅介護は基本的に男性も女性も共通と考えたい。〉

（三宅「認知症の妻の介護でみえたこと」）

ジェンダー視点から労働情勢を論じている季刊誌『女も男も』（2015年秋・冬号）が、そのブックガイド欄で拙著『ケアメンを生きる――男性介護者100万人へのエール』を取り上げている。そこでの書評（評者は松田容子）は次のような書き出しで始まっていた。

〈本書を手にしたとき、まず思ったのは、「何！　ケアメン?!」。女性の介護者をわざわざ「ケアウーマン」と呼ぶ？　育児をする男性を「イクメン」と呼ぶだけでなく、今度は「ケ

アメン」?!〉

辛辣《しんらつ》だが、確かに真っ当な批判には違いない。三宅さんは、男女共同参画の時代に男女とかいうのは時代錯誤ではないか、なぜ男性に焦点化して議論をするのだ、ということであり、松田さんは育児や介護を担う男性だけを特別扱いすることを批判している。それぞれ、根拠も歴史もある疑問や批判なのだが、介護する男性を取り上げることの意味、あるいは男性特有の課題があるというのであれば、その根拠に関する説得的な説明責任を果たせ、という問いかけと受け止めなければならないものだ。

中心と周辺が反転する関係

ただ、私にはこの件について少し伏線があった。京都府南部のある市の民生児童委員協議会の研修に伺った際の話だ。民生委員のメンバーは全体で１５０人だが、男性のメンバーが２割30人を切った。以前は圧倒的多数が男性で、男社会の組織だったので、民生委員協議会の中に女性部会をつくり、少数ではあっても議論を起こし、意見表明できるような場をつくってきたという。男性民生委員が圧倒的な多数派であると、男性社会、男性文化で、会議は夜にするし、喫煙は常態化し、宴会も頻繁にある。弱い立場にある女性問題への理解にも少しばかり難がある。女性部会は、そういった文化に少し不都合なメンバーの気持ちを代弁する場となった。時代は変わって、今や女性が多数を占めて、逆に「男性部会」をつくらなければいけないような環境となった、というのだ。圧倒的多数で主流を占めるようになったメンバーに適合的な文化や仕組みがつくられるのは常のことだが、それまで中心に位置した男性民生委員が今度は反転し周辺に追いやられて、新たな組織的課題の担い手となるという構図である。ジェンダー規範から生じる社会問題とは全く次元を異にするが、マイノリティに関する諸問題という点では通底する。

これまで無限定で無制限、無報酬の家族介護労働という女性モデルに圧倒されてきた家族介護の世界もまた、徐々に介護の前面に押し出されてきた男性にとっては、何か異議申し立てしたくなる仕組みを有しているのではないか。この違和感は、女性介護者の中では当たり前とされて不可視化されてきたのではないか。その違和感というのは男性介護者固有の問題では決してなく、女性たちが声に出したくとも出すことができずに胸の奥底に鬱積《うっせき》させてきたことではなかったのか。男性介護者たちの発する声やその実態をテーマにすれば、こうした介護問題をめぐる性差を超えたダイナミズムが作動しだすに違いない、と考えたのだ。

私が「恐る恐る」ケアメンを使ってきたのにはもう一つ理由があった。私たちの同志といってもいい男性介護者諸兄からの「ポジティブにというが介護はそんなきれいごとではない、軽く扱ってほしくない」「若いイクメンらと違って介護する我々の多くは中高年齢者だ、茶化しているのではないか」との真っ当なお叱りもあるのではないかと身構えたからだ。しかし、私の不安は杞憂《きゆう》に終わった。確かに前掲の記事のように幾つかの直截《ちょくせつ》な批判は目にし、耳にしてきたが、介護する男性たちにはほぼ肯定的に受け止めてもらった。各地の男女共同参画センターや地域包括支援センターから「ケアメン」を演題とした講演依頼も寄せられ、また地域には「ケアメン」を冠にした男性介護者の会や集いが幾つも生まれたのもちょうどこの頃からである。

金融機関経営や金融資本市場のトレンドや金融検査・監督方針なども扱う老舗の専門誌『週刊金融財政事情』（2018年9月3日号）に、自身も介護に直面しているというエコノミスト根本直子《ねもとなおこ》さんの「介護の『ケアメン』を増やそう」と題する巻頭コラムが載った。育児と仕事の両立支援に関する社会の認識はずいぶんと広がったが、介護も一層柔軟な働き方を進めて「ケアメン」を増やしたらどうか、と言っている。彼女との面識はなかったが、それだけに嬉《うれ》しかった。身内だけでしか通じないと思っていた「ケアメン」が、こうした専門誌にも堂々と登場する時代となった。

『男性介護者100万人へのメッセージ』

「あなたの介護体験を社会の共有財産に」「あなたの介護体験はきっと誰かの役に立つ」を

スローガンとする介護体験記『男性介護者100万人へのメッセージ』の第6集が男性介護ネット10周年を記念して発行された（2019年8月）。男性介護ネット設立直後の2009年9月に第1集を発行したこのプログラムは、ネットワークを代表する柱にまで育ったが、体験記を発行しよう、と思い立ったその動機は次のようなことだった。

当初、私たちには、介護体験記はありふれている、有名人の介護本には美談とされ何かと世間の批判も多い、改めて男性の介護体験記を発行する意味があるのか、という少しネガティブな意見も寄せられていた。確かに、歌手の橋幸夫《はしゆきお》さん『お母さんは宇宙人』（1989年）、元高槻《たかつき》市長の江村利雄《えむらとしお》さん『夫のかわりはおりまへん』（1999年）、元萩《はぎ》市教育長の陽信孝《みなみのぶたか》さん『八重子のハミング』（2002年）、俳優の長門裕之《ながとひろゆき》さん『待ってくれ、洋子』（2009年）等々、ベストセラーとなった男性の介護体験記も少なくない。『娘になった妻、のぶ代へ』（2015年）を著したのちに鬼籍に入った俳優砂川啓介《さがわけいすけ》さんの介護体験も、私たちの記憶に新しい。

認知症への偏見や差別が根深く残り、家族の症状を恥ずかしいものとして囲い込んできた時代に、これらの体験記は、著名な歌手や俳優、政治家の家族にも認知症は無縁ではないのだ、ということを堂々と社会に発信したことで、これまで介護に縁のなかった人たちにも記憶に残るものとなった。認知症を病み介護が必要となった妻や親の介護、そして夫や息子の不器用で懸命な介護の存在を世に知らしめた貴重な成果とも言えよう。彼ら著名人の多くは自らの意思で介護者の道を選んだ「デキる男性」として、メディアでは親孝行の息子、妻思いの優しい夫として多くは美談の対象となった。

ただ、こうした有名人の介護体験をもって男性の介護体験の典型だと言われたら、とんでもない誤解を招くのではないか。私たちの身近にいる圧倒的多数の男性の介護者は、介護の志願者というのではなく、むしろその多くは介護を引き受けざるを得なかった人たちだ。介護を代わってくれる人は誰一人いなかった男性たちだ。仕事と介護の両立をこなす人、仕事を辞めざるを得なかった人、辞職という対処しかなかった人。これが市井《しせい》の男性介護者の姿だが、しかしそうした彼らの介護の実態は語られず、それを目にしたり耳にしたりすることはほとんどない。普通の市民の、普通の介護の実態を世に問うことで、いま介護真っ最中で孤軍奮闘しているに違いない100万人の男性介護者へのエールになるのではないか――。

これがネットワークの発足にあたって男性介護体験記の募集事業を始めた私たちの動機だ。どのくらいの応募があるのか、そのニーズはあるのか、体験記の内容はいかなるものか、表現は適切か。心配事は尽きなかった。しかし、私たちの不安は杞憂に終わった。第１集の体験記には全国から152名の介護者からの力作が集まったのである。

「もう看られん」と自死した兄

その中に一人の女性の応募があった。自分の兄に代わって兄の介護体験を記します、という中島千穂さん（執筆当時47歳）からのものだった。父の没後に認知症を患った母の介護を担っていた兄が、「もう母を看《み》られん」と言って自ら命を絶った。兄をバックアップし、兄の苦労も知っているつもりだったが、後悔で一杯です、との思いを綴《つづ》った体験記だった。

〈男性で介護されている方々には、兄のような道をたどってほしくないと、強く思います。周りの助けをたくさん受けて、たくさん頼って、あきらめずに介護していって下さい。周りも、「困った」という声を聞けば、手を差し延べやすくなります。（中略）母は今、兄のことも私のこともわからなくなりましたが、介護サービスを受けながら元気に父や兄の帰りを待っています。〉

介護する息子の体験記も届いた。「一番大変なのは〝しもの世話〟」と記したのは青森県の佐藤克雄さん（執筆当時55歳）。

〈4年前に実父は死亡。今は母と二人暮らし。父が亡くなった後、母は認知症が出てきたので、自分は出稼ぎをやめ、母の面倒をみている。

昨年の春頃より、特に物忘れがすすんだようだ。数分前のことも何も覚えていない。亡くなった父のことは「今、そこに父さんがいた」とか話している。見えないものも見えているように話していて、だんだんボケてきたのかと思う。

去年12月に背骨が5ヶ所もつぶれていることがわかり、受診したらメキメキとよくなって一安心だ。それでも週3回受診するように言われたが、月に2回位しか病院に行けていない。週に2～3回は私が体をふいてあげている。デイサービスは1週間に1回、ふろもその時に入っている。

今一番大変なことは、〝しもの世話〟だ。それでも私がやるんだ。やる人いないもの。〉

母の介護責任を一身に背負って、戸惑いながらも「いま・ここ」の暮らしを生きていこうという佐藤さんの決意表明だ。これらの声を集めて、この社会に介護の経験値を蓄えよう、介護体験を社会の新たな共有財産にしようではないかと、発行にこぎつけた。その反響は凄《すさ》まじく、私たちの予想をはるかに超えて社会に飛び出ていった。

父の気持ちが知りたい

介護に戸惑い孤独に陥る男性介護者を応援しようとの趣旨で刊行した『男性介護者100万人へのメッセージ』がメディアその他で広報されるや否や、注文の問い合わせやメディアからの取材の依頼などが殺到した。これまで経験したことがないような反響に驚いた。

「91歳の父が87歳の母を介護しています。その父にも読んでほしい」という奈良県生駒《いこま》市の女性がいた。「いま実家の父が母の介護の最中。父にも読んでもらいたいので注文します」と、この体験記を3冊も注文したのは兵庫県伊丹《いたみ》市の女性だ。愛媛県松山市の女性は「81歳の父が母の面倒を見ています。父が毎日の食事の支度から、家の中の大まかなことをして母を支えています。頑張っている父を私も支えたいと思っていますが、なかなか協力することが出来ず、ふがいなさを感じているこのごろです。父の気持ちを知りたくて購入を決めました」と注文書に添えた。大阪府高槻市の60歳の女性は「91歳の父と2人で84歳の母を介護。この本を新聞記事で知った父が読みたいという」ので注文したという。「娘の嫁ぎ先でもお父様がお母様を介護されている」と記して注文してきたのは佐賀県の女性だ。

当初、私たちは、介護体験記発行の意義や目的を、全国各地で介護に孤軍奮闘している男性介護者への連帯のメッセージとして構想してきたが、しかし、読者は私たちの想定をはるかに上回って広がった。娘たちはみんな介護中の実家の父を気遣っていた。娘の嫁ぎ先の介護を心配する母もいた。

お父さん、毎日頑張っているね。あまり協力もできずにごめんね。でも、お父さんだけじゃないんだよ。ほら、こんなにも大勢の仲間がいるんだよ。挫《くじ》けずあきらめずに頑張ろうね、お父さん――。これは私の推察だが、大筋では間違ってはいないように思う。注文書の行間からは、これまで口にすることもなかったに違いない、介護する父への娘たちからの感謝と応援のメッセージが聞こえてきた。

介護体験は光り輝く宝の山

この介護体験記を素材にして、NHKや民放のドキュメンタリー番組も幾つか生まれた。たとえば、妻の化粧をしている時間が楽しく妻の笑顔も嬉しいと記した外山努さん（執筆当時58歳）の介護を放映したNHK「かんさい熱視線」の「男の介護」（2009年5月24日）。義母の介護に続いて実母の介護を担い、「怒らない」「待つ」ことがモットーという小宮俊昭さん（執筆当時64歳）の介護は、毎日放送「映像'10」の「母との暮らし」（2010年4月26日）と題して放映された。介護用語すら知らないというほど何の予備知識もないままに突然介護が始まった戸惑いの介護の様子を記した木寺喜義さん（執筆当時54歳）も日本テレビ系列「NNNドキュメント'10」の「男たちの介護」（2010年6月28日）で放映された。介護当事者の実名・顔出しのドキュメントのインパクトは大きく、男性の介護実態を広く社会に知らしめることになった。

体験記に関する「思想」ともいうべき点でも発見があった。先に記したようにこの体験記には、公表を本名でも匿名でも可とした応募体験のすべてを収録してある。当初、私たちは、応募のあった体験記から優秀なものを選考して一冊にまとめよう、と考えていた。募集要項にもその旨のことを記して広報してきた。

「玉石混淆《こんこう》」のものより、選《よ》りすぐった上質な体験記こそ社会に与えるインパクトも、また主たる読者層と設定した男性介護者の共感もより深まるに違いない、と思ったからだ。この種の出版物のほとんどがそうした手法で編集されていることも根拠になった。選考には悩ましいことも多かろうが、しかしその手法で完成させたものは格段と質の高い体験記となるに違いない、そう考え疑問に思うこともなかった。しかし、応募のあった体験記を幾度か読み進めているうちに、「優秀な体験記」という考え、その「思想」が全く貧しく間違ったものだと気付かされた。そこに記された152人の介護体験に優劣などつけようがなかったのだ。短くとも介護の実体験に裏付けられた生活行為で綴られた多くの体験記にこそ、介護真っ最中のリアルな実態が見事に記されているようだった。「玉石混淆」どころかみんな光り輝く宝の山だった。

この体験を読んでの感想を寄稿してくれた香川県の男性（執筆当時89歳）は、こう記している。

〈介護の学習の旅行や集会には出席できにくい状態である。また話しあう友人も殆《ほとん》ど他界。講演会での医学的な一般的講演も参考になるが、ピンときにくい。体験記を読み、それぞれの貴重な介護体験が心をうち、行く手を明るくしてくれました。辞書のように手近において、

くりかえし読もうと思っています。〉

　妻を介護しているこの男性の感想は、１００万人を超える男性介護者が求めているもの、そのすべてを語っている声のようでもある。私たちの体験記の募集事業のスローガンは「あなたの介護体験を社会の共有財産に」「あなたの介護体験はきっと誰かの役に立つ」だったが、なんとか的を射ることができたようである。みんな違ってみんな心に染みる、のだ。

　介護一般の知識や技術の教授ももちろん嬉しい。その必要性だって否定はしない。でも、それは専門書を見れば分かるし、最近ではインターネットで得られる情報もさらに豊富だ。だからわざわざ足を運んで時間をつくって聞くまでもない。必要なのは「いま」「ここ」にある私の介護を丸ごと受け止めてほしいということだろう。私たちのこの社会には、介護者に本当に役に立つような、そして介護者が繰り返し手に取ろうと思うようなテキストやガイドブックはまだできていないのではないかと思う。89歳の男性に「私の行く手を明るくしてくれた」と言わしめた、市井の介護者たちの手による体験記はそのことを教えている。

　さらに介護体験記は、上記のような「知りたいことを教えてもらった」というだけでなく、「私の経験を伝えたい、知らせたい」という衝動をも生んでいる。体験記に介護の悩みを記した人に、励ましの手紙を添えて「自費出版した私の本を届けてほしい」と、その仲介を私たちに申し出ていただいたこともあった。「書く／読む」という作業を通して、介護する男性という同じ立場にあるもの同士が教わったり伝えてみたり、という双方向のコミュニティが生成するのだ。

私たちはこの経験から、自身の介護体験を記し、他者の介護体験に思いを馳《は》せる、ということを「書く／読む」プログラムと称し、ネットワークの柱となる事業として継続してきた。2009年の第1集に続いて、第2集（10年）、第3集（12年）、第4集（13年）、第5集（14年）を発行し、介護する夫や息子たちの声を100万人超の仲間たちや社会へのメッセージとして発信してきた。そして、しばしのブランクを経て、ネットワークの発足10周年を記念した第6集を2019年に発行した。

語ることはグリーフ・ケア

私たちはいま「男性介護語り部バンク」の取り組みを試行している。介護する夫や息子の介護体験を社会に発信していく場をつくろうと思い立ったのである。先に紹介してきた自身の介護体験を記録する「書く／読む」プログラムに続く、男性介護ネットのもう一つの力のある活動として社会化しようというものだ。「語る／聴く」プログラムだ。

ソーシャルワークの分野では、癌《がん》や難病などの患者会やアルコールや薬物などの依存症者の会、障害者自身の会や親の会などとともに介護者の会もセルフヘルプグループ（当事者組織）の一つに位置づけられてきた。この分野の研究の第一人者岩田泰夫《いわたやすお》は、グループメンバーがその体験を語ることはセルフヘルプグループの例会においては最も重要なプログラムで、例会は体験談に始まって体験談で終わるとまで言えると、「語る」ことの重要性を指摘している（岩田『セルフヘルプグループへの招待』）。体験を話すことによって、語る人も聴く人も癒され、メンバー間の結束は強まり、生きるエネルギーにもグループの活力にもなる。体験談が体験談と言えるのは、誰に言われるまでもなく気持ちが起動し、自分のその体験を、自分でまとめ上げ、その身体化された思いを、聴く側の仲間の力を借りながら「自分が思わず主体的に話す」ということに特徴を持つ。岩田の主張を私なりに解釈すれば以上のようになる。岩田はグループ例会で交換されるメンバー間の体験談のことを言っているのだが、この定義からすれば、私たちの「語る／聴く」プログラムはより様式化したものと言えるかもしれないが、自分の体験を自分の言葉で自分らしく語るという趣旨では、その指摘を外れるものではない。

ノンフィクション作家の柳田邦男《やなぎだくにお》が、「書く」ことと「語る」ことについて述べていることも、プログラム化するうえで私たちの確信になった（柳田「愛する人を看取る４つの約束」）。柳田は、「書くことは生きる支えになるのですね。書くという行為は、もう一人の自分の目の働きだと思うのです」と言い、さらに「『書く』という行為は、自分の混沌《こんとん》とした内面を少しでも整理して客観化し、それを見ることで、自分の生の証《あかし》を確認し、生きるエネルギーを獲得する作業なのだ」と指摘している。また、同じ稿で「看取った家族が語り部になるとか、地域で経験を共有することが、すごく大切だと思うんです」「語ることはグリーフワークの大事な要素ですね」とも言っている。グリーフワーク、あるいはグリーフ・ケアとは、何かを失った悲しみを癒し、それを乗り越えるプロセスのことだが、語ることの大切さは看取った家族だけでなく、現在進行形の介護者にとってもまた同様だ。

そして、「語る」ということは、当然だが語る人の気持ちを受け取る人、受け止めてくれる人と場を求めている。「聴く」ということだ。それも、あれこれの助言や指導がほしいのではなく、ただただ聴いてほしいのだ、受け止めてほしいのだ、そしてその場にいてほしいのだ。哲学者の鷲田清一《わしだきよかず》は、この「聴く」ということの醸《かも》し出す力について次のように述べる。

〈聴くことが、ことばを受けとめることが、他者の自己理解の場を劈《ひら》くということであろう。じっと聴くこと、そのことの力を感じる。かつて古代ギリシャの哲学者が《産婆術》と呼んだような力を、あるいは別の人物なら《介添え》とでも呼ぶであろう力を、である。〉

（鷲田『「聴く」ことの力』）

語る人にも聴く人にも、癒しの場を醸し出し、ともに生きるエネルギーを湧《わ》き出《い》でさせる舞台としての働きが、「語る／聴く」というプログラムには埋め込まれているのだ。

始まりは「リレートーク」から

もともとこの活動は、私たちの総会や各種イベントで、著名人のメインの講演の後に、会員数名による自身の介護体験を５分程度の短いスピーチとして話してもらってきていたことを源流としている。

喜怒哀楽に満ちて感情表現の豊かな女性のコミュニケーションに比して、男性の場合は酒席以外では必要以上のことは口にしない用件のみの定型的なコミュニケーションとして特徴づけられてきた。自身のことをあまり他人に語ろうとしない、家族の介護などプライベートなことを語ることを恥ずかしく思い、それゆえ多くを語らず（語られず）に本音を話さない（話せない）ことを男性介護者に特有な課題として捉えてきた。そのために、ネットワークなど私たちの主催するイベントでは、「私の介護」を語ることを意識して取り上げてきた。その一つが、のちに「リレートーク」と名付けられた短いスピーチのリレーであった。このリレートークは、当初はメインプログラムの空き時間を埋めるという程度の軽い扱いだったが、徐々に会員をはじめとして聴衆の圧倒的な支持を得ていった。いつしかネットワークの名物となり、メインの演者を凌《しの》ぐほどのインパクトのあるプログラムに育っていった。全国各地に広がったネットワークには、「私の介護」を堂々と語る多くの仲間も集ってきた。

　私がこのプログラムを口にし始めたのは2011年3月のこと。男性介護ネットの第3回総会に「スピーカーズ・バンクを設けて地域や学校、企業などで介護体験を語ってもらう活動もいいかも」と紹介して「スピーカーズ・バンク」を提起したのだが、参考にしたのは木《きの》下康仁《したやすひと》の『改革進むオーストラリアの高齢者ケア』によって知ることになった同国ビクトリア州の事例だった。同書によれば、この取り組みは介護経験者をボランティアとして登録し、学校や市民団体などからの講演依頼に応じて話をする人を組織したものだ、とあった。ビクトリア州の介護者協会には100名以上の登録があり、介護者の経験を通して語られる話はその説得力でもって、多くの市民の関心と共感を集めている、と評されていた。さらに、その後のリサーチで、日本でもすでに癌サバイバーらによるスピーカーズ・バンクが始動していると知って、エビデンス（根拠）も豊富化した。確かに、一人称「私」で語られる個別で具体、特殊な経験は、何より唯一無二の事実としての決定的な重力を有する。「私」発の言説だが、そのリアルな発信力によって「私」を超えて全体社会を照射するのだ。

　これらのことを背景に第3回総会で行った私たちの問題提起は、主には広報や需給調整、情報管理などバンクのマネジメント課題がネックとなって具体化するには至らなかった。だが、その後の男性介護ネットの活動は、全国各地で「私の介護」を発信するネットワークづくりの取り組みでもあった。男性の介護体験者という有為な介護語り部の存在が広く社会に認知されるようになった。私自身も、ネットワークはその人材の宝庫だ、と改めて気付かされた。先に紹介した「男性介護語り部バンク」は、こうしたこれまでの私たちの到達点に依拠しての改めての提起となっている。

私の介護を語る男性たち

2019年3月9日に開催された男性介護ネットの10周年記念式でのフォーラム「私の介護を語る」に7人の語り部が登壇し、介護の語り部の事業がようやくスタートした。幾人かの語りの概要を紹介してみよう（年齢は開催当時のまま）。

東京の「墨田《すみだ》区ケアメンの会」で活動中の古賀節彦さん（80歳、東京都）は、再就職のため仕事を探しているときに妻に認知症の診断があり、定年後に何をするか悩まずに在宅介護を始めた。それから2018年7月に妻を看取るまで15年間の介護生活。介護OBになった今も「ケアメンの会」や「区介護相談員」として、また「すみだ男声合唱団」でも活動中と、聴く側にも元気の出る報告だった。

西本雅昭さん（67歳、兵庫県）は、公務員として勤務する傍らでの母の介護だ。職場の理解もないなか、「絶対に負けたくない」と介護と仕事の両立。その心を癒したのは、母が

「あんたの作る料理が一番おいしい」と言ってくれたことだったと、涙ながらに語った。

森寛昭さん（76歳、香川県）は、「認知症と診断された妻。自分が守る」と決意し、今も在宅介護中だ。徘徊《はいかい》、排泄のトラブルなどもあるが「妻が新しい歌を覚えて歌いだした」ことや、「おはよう、起きるよ」と言うとニコッと反応するときが、「もうちょっと頑張ろう」と思える瞬間だとのこと。いま妻の「きれい」を探す介護をモットーにしている、と言う。「きれい」とは、認知症が進んで語彙が少なくなった妻が、気持ちいい・美しい・嬉しいなどの感情をすべて「きれい」と表現したことからきている。

吉開《よしかい》靖之さん（82歳、長崎県）は、両親を看取り、さらに妻も介護してきた。両親の介護からは「人が生きるありのままの姿、死の準備教育、死に方のコツ」を学んだとのこと。両親も妻も、という介護は大変だったけど、それだけではないということを教えられたと話した。吉川義博さん（75歳、神奈川県）は、介護を始めてから妻のためにつくってきた手料理の写真をすべて記録し、そのミニアルバムがもう20冊以上になったことをアルバムを手に報告、フロアからの大きな歓声を呼んだ。

介護保険制度が始まる前から介護していたと語ったのは渡辺茂さん（82歳、兵庫県）。妻を介護し看取った話でトークが始まり、自費で民間業者のヘルパーを頼み、その費用は大変な額だったこと、その後始まった介護保険制度に金銭面でも助けられたと語った。今回の参加者の中では一番の若手、といっても50代の渡辺紀夫さん（54歳、東京都）は、認知症の父を看取った後、介護うつを発症したが、今は老いた母と暮らしながら社会復帰を始めていることを語った。

当日、私はこのフォーラムのコーディネートを務めたのだが、介護を語ることは介護される家族の人生を語ることであり、介護した人の人生観や介護に関する考え方の変容をも知ることになるということを実感した。介護とはつらくて大変なことだけではなく、文字通り新しい自分との出会いの場にもなるということだ。誰もが自分に合った環境にいる人ばかりではない、また自分の意思で介護することを選び取った人ばかりでもない。介護との出会いは、たまたまのようでも、そうなるべくしてなったようなものでもあるのだろうが、介護の最中はもちろんのこと、それが終わった後の残りの人生にもまだ見ぬ希望の力を生成させるものがあるのではないか。このような思いに浸りながら、何か奮い立つような力をもらった時間だった。

「あなたの介護体験を社会の共有財産に！」「あなたの介護体験はきっと誰かの役に立つ！」。市井の小さな声が、介護の険しい山に向かおうとしている。千里の道も一歩から、である。

「悔いのない介護を」

男性介護ネットの初代代表を務めた荒川不二夫さん（93歳）のことを記そう。

荒川さんが介護者としての人生を歩み始めたのは1986年、59歳のとき。妻は51歳だったが脳内出血で倒れた。難病も患っていた。それから8年間、工務店の経営で多忙を極めながら妻の介護に明け暮れた。介護保険はおろか介護資源もほとんどなかった時代、若年の妻の介護は家族だけが頼りの時代だ。入院しても「帰りたい」を連発する妻の思いに応えるためには、仕事を続けながら在宅で介護するしか道はなかった、という。

雑誌や新聞の取材に応えた荒川さんの記事も数多く残っているが、私たちが男性介護ネットのイベントや会議の合間に幾度となく耳にしてきた話もある。講演や挨拶《あいさつ》ではいつも「悔いのない介護を」という言葉で締めくくっていたが、やるしかないと思って介護に取り組んだものの、手探りでの介護は戸惑いの連続だったと嘆いた。介護だけでなく炊事・掃除・洗濯・買い物と今まですべて妻に依存してきた家事を賄《まかな》っていくのは並大抵のことではなかった、とも。つらくて恥ずかしいこともたくさんあった。女性用の下着や生理用品の品名も用途もサイズも知らずに、店内を探し回ったこと。妻の排泄の世話に追われて、しばらくは大好きなカレーライスが食べられなくなったこと。振り返ってのこれらの苦労話を荒川さんは聴衆の笑いに変え、そして涙を誘っていた。

８年間の介護の末に妻を看取った翌年（１９９４年）、男性が抱える介護問題の難しさに気付いた保健所の職員たちが男性介護者の会「オヤジの会」を立ち上げ、荒川さんはその会長に請われた。自分は手探りの孤軍奮闘だったが、同じ立場の介護仲間がいれば、人前では話すことさえも憚《はばか》られるようなことも恥ずかしがらずに悩みを話せるのではないか、つらくて大変な介護のストレス解消にも役立つのではないか、との思いもあって会長の役を引き受けたという。

それから10年ほどして、男性介護者が抱える諸課題に注目して調査研究を手がけていた私たちは「オヤジの会」の活動を知ることになり、荒川さんや会のメンバーとの交流が始まった。荒川さんは、妻を看取った後に、自身が創業し経営してきた工務店の跡取りだった長男にも病気で先立たれた。さらに、男性介護ネットが発足した前年の２００８年11月からは、48歳の次男が若年認知症との診断、要介護５を言い渡されて、その介護が始まっていた。次男はその後、特別養護老人ホームでの生活が始まったが、２０１７年に57年の生涯を終えた。そんな厳しい状況について深く知ることもなく、荒川さんに代表就任のお願いに行ったのだが、周囲はずいぶんと心配した。「やめてください。ご高齢ですし、いま息子さんの介護中なんですよ。無理です」との訴えもあったが、荒川さんは「少しでもお役に立つことがあるのなら」と引き受けてくれた。

人に優しく豪放磊落《らいらく》で、「悔いのない介護を」をモットーにしていた荒川さんは、いつも私たちの先頭に立って走ってくれた。人前で話すときは「荒川の荒川です！」との前振りでその場を和ませながら、介護することの意味を説いていた荒川さんだった。心配していた関係者も、男性介護ネットの活動が荒川さんの新たな生き甲斐《がい》となったのではないかと振り返るまでになった。今では会長になってもらって本当によかったと思う、自分自身を奮い立たせながら、後悔なく息子さんを看取ることもできたと思う、と。

一人で暮らすことが困難となった荒川さんは、いま故郷の栃木県小山《おやま》市の介護老人保健施設で静かに過ごしている。

オヤジの心をつかむ秘訣

この「オヤジの会」の組織化に深く関わり援助してきたのは、保健所の保健師やケースワーカーたちだった。

荒川区保健所の医療ソーシャルワーカー（ＭＳＷ）として荒川オヤジの会をサポートしてきた長島明子《ながしまあきこ》さんは、他の家族会での男性介護者の共通する特徴を見つけたときに、男性介護者の会の必要性について痛感したという。その特徴を以下のようにまとめている。

〈①男性が介護をしているというだけで、周囲の女性介護者から賞賛の言葉が贈られる。先に褒められるので、弱音や本音など言えない状況になってしまう。

②女性介護者に囲まれて女々しいことは言えないのでついつい格好の良いところ、立派にしていることを誇張してしまう傾向がある。

③多くは、女性介護者の多弁に圧倒され、頷《うなず》くだけの聞き役を担ってしまい、いくらも発言しないうちに閉会となってしまう。〉(長島「オヤジたちへの讃歌」)

こうして、頑固で一途《いちず》な男性介護者の組織化活動が始まったのだ。長島さんは、この組織化活動で得た「オヤジ達の心をつかむ秘訣《ひけつ》」を次のように述べる。

〈女性介護者よりも心を開いてくれるまで時間がかかる男性介護者には、とにかくじっくり関わった。こだわることには徹底的にこだわる彼らにとって、もっと楽に介護を……という助言が場合によっては無意味なことも学んだ。徹底的な彼らには徹底的につきあい、その考え方や生き方そして独自の介護論を受け入れてこそ、彼らのハートを掴《つか》むことができるのではないか?〉(長島前掲論文)

「関係弱者」とも称されるように、特段に面倒な関わりを要することも多いと言われる男性の介護者だが、ひとたびしっかりした信頼関係を築くと「竹馬の友」のような親しい仲にもなることを教えている。そして、荒川オヤジの会の轍《わだち》を追いながら全国各地に広がっている戸惑い悩みながらも介護者役割を担う男性たちのグループには必ず長島の言う「オヤジ達の心をつかむ秘訣」を持ったサポーターが存在するのだ。

こうした、男性介護者の会や集いは、私たちのネットワークの活動が始まった頃には、前述した東京都荒川区の「オヤジの会」や、長野県上田《うえだ》市を拠点に活動する男性介護者の支援団体「シルバーバックの会」、京都の私たちの研究グループなどほんの数か所を知るに過ぎなかった。それがいまや、私たちの限られた情報網で知り得る限りでも全国に150を超えているのだから、本当に驚きだ。

「さぬき男」も、「いごっそう」も

本章の冒頭で紹介した香川県高松市の「さぬき男介護友の会」もこうした会の一つである。その会の集いに参加した際に、「男性介護者は、本当に一生懸命、だけど心配」という女性支援者の声を聞いたことがある。ひととおりメンバーの自己紹介が終わった頃、オブザーバーで参加していた女性の支援者が男性の介護者の特徴について次のように話してくれた。

男性の介護者はSOSの発信が苦手で弱音を吐かない、男性は真面目《まじめ》で逃げない、仕事のように介護しようとする、子育ての経験がないので身体《からだ》にさわる世話が苦手、被介護者を自分と一体のように思う人がいる、というのだ。「一生懸命、だけど心配」な介護者という。この「男らしい」多くの介護者との交流があったからこそ感じた男性介護者像なのだろう。

社会が長きにわたってモデル化してきた、強くたくましい大黒柱としての男性像というジェンダー規範を、まるで鎧兜《よろいかぶと》のように身にまといながら毎日の介護に従事している人たちの集まりだ。それゆえ「一生懸命、だけど心配」な介護者にもなるのだろう。

この香川県の会は2011年4月に発足して、常時の会員は現在10人余りという小さなコミュニティだが、志は大きく高松から四国4県の男性介護者に発信しようと「ケアメン四国in高松」というイベントを毎年開いている。プログラムを企画し、出演者と交渉する。予算確保に奔走し、行政や関係機関の後援を組織する。ロゴマークを自主製作し、イベントの広報や運営のマネジメント等々、男性介護者のこれまでのビジネス経験が生かされるような取り組みだ。

四国での連帯の輪は広がり、2019年12月には高知県にその名も勇ましく「ケアメンいごっそう」というグループも生まれた。いごっそうとは「頑固一徹で気骨のある人」といった意味の土佐《とさ》弁である。

2020年2月発行の男性介護ネット通信の巻頭に「高知県にケアメンいごっそう発足」という同会の江西一郎さん（78歳）からの寄稿が載った。土佐人らしく反骨精神をもってその名を決めたとある。江西さんは言う。前年の3月、「男性介護ネット第11回総会議案書」7頁にあった「高知県を除く全ての都道府県に会員がいる」という一文を読んで発奮。「何を言いよらー、わやにするな（バカにするな）。介護に男も女もあるか。男だけの世界に閉じこもるがおかしいぜよ」。認知症になった母親のために関西から故郷の高知にUターンしてきた元介護者の江西さん、しっかりジェンダーフリーだった。

しかし、高知県の家族会は、須崎《すさき》市以外は全員女性が会長で男性会員はほとんどいないことも分かっていた。男の介護者の場も必要かと、「いごっそう魂」で一肌脱ごうと決意した。同県四万十《しまんと》市の家族会に出向いて男性5名の介護体験を聴き、土佐清水《とさしみず》市でも4名の男性の介護者に耳を傾けた。近隣の地域包括支援センターにも声を掛けた。これまで交流のあった認知症疾患医療センター一陽《いちよう》病院（須崎市）に事務局をお願いし、快く承諾してもらえた。

江西さんを頼りに一陽病院を訪ねたのは、ちょうどこのような時期だった。事情を詳しく知ることもなく、通された会議室の看板に驚いた。「高知県ケアメンの会（仮）」とあった。茹《う》だるような7月の高知、「いごっそう」らの熱気に炙《あぶ》られながら汗ジトジトの対面となった。もちろん「高知県を除く」云々《うんぬん》についてお叱りを受けながら。

全国に広がる活動

こうしたコミュニティは四国だけではない。

関西だけでも次のような状況だ。京都には男性介護者を支援する会「TOMO」や認知症の人と家族の会京都支部が隔月で開いている男性介護者の例会がある。滋賀県には、「彦根《ひこね》こんき会（彦根市）」「中北《なかきた》の家（野洲《やす》市）」「ケアメンの会（高島《たかしま》市）」「男性介護者の会（甲賀《こうか》市）」などがあり、大阪府には「ゆるり庵《あん》（住吉《すみよし》区）」「ひょうたんの会（西淀川《にしよどがわ》区）」「TOYONAKAケアメンいきいき倶楽部《くらぶ》（豊中《とよなか》市）」などの会が活動している。兵庫県では「きたいの会（伊丹市）」「ぼちぼち野郎（三田《さんだ》市）」「男性介護者の会（宍粟《しそう》市）」などが、県域のネットワーク「男性介護ひょうごネット」も作っている。

四国のように複数の県域を跨《また》いでの男性介護ネットのブロック活動も早くに始まり、すでに10回を超える交流会の開催を数える九州ブロックをはじめ、山陰、東北、北陸へと広がっている。長野県と山梨県のメンバーは「やまぐにネット」を組織した。山梨県には「山梨やろうの会」（韮崎《にらさき》市）があり、長野県には「シルバーバックの会」（上田市）や「男介護もいいんだに」（伊那《いな》市）、県下の社会福祉協議会が組織する男性介護者の会が数多く活動している。山陰ブロックは認知症の人と家族の会の鳥取県支部の熱心なリードで鳥取・島根両県でのネットワークを広げている。北陸ブロックには、石川県男性介護者・家族介護者と支援者の会「結《ゆ》いねっと」があって、介護者同士の交流を深めている。東北でも、宮城県石巻《いしのまき》市「男の介護教室」が中心となって毎年「男性介護ネット東北大会」を開催している。「男の介護教室」は医師や看護師、ケアマネジャーなど医療福祉の専門職らが中心になって男性介護者支援の取り組みを展開しているが、そのノウハウは東北から東京、九州、北海道にも広がって新しいネットワークを築きつつある。広島市では、毎月第4木曜日を例会日としていることから名付けた「4木の会」（同市安佐南区）ほか、いくつかの行政区にも男性介護者の会があり、そのネットワークづくりも始まっている。認知症の人と家族の会では、京都府支部をはじめ20ほどの支部で男性介護者の例会が開かれているという。

同じ立場で介護する人の話をじっくり聞き、いろんな介護のカタチを目《ま》の当たりにして、面倒な「男のプライド」「介護かくあるべし」という規範から少し解放されて一息つける場が、全国に生まれているのだ。手探りの介護生活の中でようやく出会った「ひとりじゃない」という実感にあふれる場だともいう。介護の負担が孤立に接合されるとき、周囲が覚える「心配」は現実のものとなる。だから、この小さなコミュニティが輝くのだ。

第2章　江戸の親孝行から『恍惚の人』まで
——介護する男たちはどう語られてきたか

武士にも「介護休業制度」があった

男性が介護するということは、私たちにどのような時代認識を要請しているのだろうか。男性介護者はすでに、同居の主たる介護者の3人に1人を占めるが、このことは私たちの社会認識にどのように影響するのだろうか。さらには、近年強調されるようになった「ワーク・ライフ・バランス」や「ジェンダー平等」という新しい社会観形成にどう影響するのだろうか。こうした、観点から少し時間を巻き戻して介護する男性の語られ方を見ていこうと思う。

介護を担うのは女性ということは、長い間、社会規範となって私たちの脳裏に刷り込まれてきた。それゆえ、人類発祥のときから続いてきた、そう思っている人も多いのかもしれない。でも、どうもそうではないらしい。少なくとも、江戸時代の武士たちの社会には現代の介護休業制度にあたるようなものがすでに備わっており、多くの史料が残されているという。

故郷の祖母の介護のために休業届を出し、前例があるからと認められたということが京都府の「総合資料館だより」（145号、2005年10月1日発行）に「武士の介護休業制度」と題して紹介されている。同館古文書担当（当時）の山田洋一が記しているものだが、1820（文政《ぶんせい》3）年に「京火消詰《きょうびけしづめ》」責任者の代役で赴任していた丹波国《たんばのくに》（現在の京都府中央部と兵庫県東部）の亀岡《かめおか》藩士及川源兵衛広之の勤番日記「御番頭代京火消詰日記」に記されていたという。京火消詰とは幕府の命による京都の消防を担当する役目だ。

及川が日記に記したのは、火消詰の一人で火災現場の警備責任者を務める伊丹孫兵衛という藩士から藩の重役に宛《あ》てられた「奉　願　口上之覚《ねがいたてまつるこうじょうのおぼえ》」という次のような「願《ねがい》」だった。

〈私の祖母が、先頃から病気で、今も調子がよくないと亀岡から連絡がありました。老人のことですから、全快するとは思えません。なにとぞ、祖母の命があるうちに、暫《しばら》くでも看病をしてやりたいので、火消詰の休業をお願いします。はなはだ恐れ入りますが、看病のためお暇《いとま》を下さりますようお願いいたします。〉

この願いは、事前に伊丹の関係者から藩の重役に内々に相談があったらしく、藩では介護の対象が親ではなく祖母ということで議論にもなったが、幸いに数年前に江戸藩邸に詰めていた大久保という藩士が、祖母が大病のために亀岡に帰ったという先例もあったことから、及川を通じて休暇が無事に認められることになった、というのだ。山田は、及川の勤番日記を読み解きながら、現在の労働者と武士の立場は違うが、亀岡藩士には祖母まで対象とした介護休業制度があったと言えるのではないか、また、この藩の制度は、藩からの命令には絶対服従と思われる武士が自己主張するという意外な一面も教えている、と記している。

及川の勤番日記から分かったことは、現職の武士が親だけではなく祖母の介護にもあたることが普通に認められていた、そして、休業して介護する制度も進んでいた、ということだ。男性介護者の「走り」のような事例だが、これは亀岡藩だけの特殊な事例ではなく、江戸時代では何ら珍しいことではなく、広くいきわたった制度であったようだ。

私たちが耳にし、目にしている仕事と介護との両立などという今日の介護問題と根っこを同じくするような事案が、近代になる以前に起こっていたということであろうか。こうした江戸時代の実態に現代を重ねて俯瞰《ふかん》することに疑義を感じる諸兄も多いかと思うので一言断っておきたい。当時の平均寿命は、諸説あるが40歳前後。介護の期間も今とは比較にならないほど短かったはずだから、むしろ介護というより看病に近いのではないか、と。ただ、今日のような入院入所の病院や施設が皆無に等しかった時代、介護や看護を意味するものとして史料に残る「看病」「介抱」「養育」「扶養」は、すべて家族の手によって担われていたはずである。現代でも介護という言葉が初めて『広辞苑』に登場したのはその第3版（1983年）というように、介護や看病といった専門分化ができたのは最近になってからだ。老いて病む高齢者の世話全体を「介護」という概念で、江戸時代を俯瞰しながら今を見ていくこともまた意味があるように思うがいかがだろうか。

江戸時代の老いと看取り

諸藩の資料や武士が残した日記には、私たちが持っている武士のイメージからは程遠い実例が並ぶ。歴史学者の柳谷慶子《やなぎやけいこ》は、こうした各地に残る当時の日記や藩の公文書を基に詳細に論じているが、その論考から江戸時代の武士が担う家族介護の実際をおおまかに見てみよう。

養子であった父が引き取った祖母を、父亡き後、祖母が73歳から79歳で他界するまでの6年の間、主たる介護者として陣頭指揮を執って世話にあたった陸奥国《むつのくに》（現在の青森県）八戸《はちのへ》藩の上級藩士である遠山庄太夫の介護の様子は、残された日記によれば次のようである。祖母の常時の世話にあたる下女へのあれこれの指示、病状悪化で人手不足が生じれば増員して対処、医師の配置や交代の判断、治療法や投薬の見極め等々、祖母の治療・介護全体を把握していた。柳谷は、「日記の記載自体が、家族の看病介護の記録といってよいほどで、子孫に介護の知識や技術を提供する役割を果たしていたものと考えられる」と指摘している。介護監督だけではなく、遠山庄太夫は休暇を取って実際に祖母の介護にあたっていることが紹介されている。

〈当主の庄太夫は八月二七日、以前から知人と約束していた引網の漁を祖母の病気を理由に断って家に籠《こ》もっており、さらにこの日は殿様付き納戸役として泊番《とまりばん》の日にあたっていたのを、他の者に代役を頼んで出勤していない。翌二八日、二九日も同様に庄太夫は代役を頼んで出勤を控えている。〉（柳谷「日本近世の高齢者介護と家族」）

母の介護にあたった息子の記録も残されている。常陸国《ひたちのくに》（現在の茨城県）下妻《しもつま》藩では、1706（宝永《ほうえい》3）年から1822（文政5）年までの116年間の藩士から身内の病気に関わる上申書が134件提出されているが、このうち103件が親の看病という。実家の母の世話をする者を探すために12日間の休暇申請をした中山清蔵。藩主の上洛《じょうらく》の供を命じられた篠原権左衛門は、留守中に老母の介護を任せるために甥《おい》を呼び寄せることを願い出て、認められている。病状が悪化した母に付き添うために上洛の随伴を断った仁平藤右衛門の記録もある。子による親の看取りを勤務に優先させている藩があったことを116年間の上申書は見事に記録している（柳谷『江戸時代の老いと看取り』）。

上級武士たちの世帯での介護では、下男下女を雇い具体的な介護の実務にあたらせることも一般的ではあったが、下層武士の場合、介護が重圧となって生活を圧迫していたようである。親の介護のために休暇が認められずにやむなく武士を辞めて国元に帰った事例（下妻藩）、父が死亡して年老いた母の面倒を看なければならないという理由で禄《ろく》を返上して村に帰った事例（盛岡《もりおか》藩）、いずれも下級武士たちが被った介護の悲哀である。さらに、介護が生活を圧迫し家計の困難を招いただけでなく、嫁のなり手がなく結婚・再婚ができなかったり、嫁の実家から離婚を迫られたり、という家族の形成や崩壊にもつながる事例があったことも史料に残されている。

庶民の介護の様子

江戸時代の庶民の介護記録も豊富にあることを、歴史学者の菅野則子《すがののりこ》が『官刻孝義録《かんこくこうぎろく》』（1801年刊、全50巻）をもとに詳述している（菅野「江戸時代庶民の養育」、同『江戸時代の孝行者』）。この史料は、江戸時代には幕府や藩に表彰された事例を書き留めたものが孝義伝とか孝義録として残されたものだが、民衆への教化策の一環として作成されたものと言われている。こうした各地の善行者として表彰された事例が幕府の手によって集約され、刊行されたのである。表彰された8600人余りに及ぶ事例の中で「孝行」は70％を超えているというように、当時の社会規範形成の中核分野であったようだ。

菅野は前掲論文で次のように記している。陸奥国の九兵衛と五郎七の兄弟は、長い間病に臥《ふ》した父を兄弟で代わる代わるに片時もそばを離れることなく介護し、父の死後は母をも怠ることなく面倒を見たことで、孝行者として藩主から表彰されている。病弱の父母のもとに育ったこれも陸奥国の久之丞は、父の死後、母を一人にしておけないと紙漉《かみす》きの技術を習い、昼夜となく在宅しながら紙漉きに専念して母の介護と両立させることができたという。

信濃国《しなののくに》（現在の長野県）の源蔵は、15歳のときから奉公に出て母への仕送りをしていたが、母が老い多病で不自由になったことから奉公を辞して家に帰りひたすら耕作に励んで母を養った。武蔵国《むさしのくに》（現在の東京都・埼玉県および神奈川県北東部）の権太郎は、奉公先の鍛冶屋《かじや》を辞して老いて病に倒れた父を看取り、父の死後歩行不能となった母に加えて目を病んだ叔父《おじ》をも引き取って、鍛冶屋を営みながらねんごろに2人の面倒を見てきたことで藩からの褒美銀を受けた。こうした江戸時代の庶民に課せられた孝行の規範について、菅野は次のように述べる。

〈介抱の仕方、養育の仕方は多様ではあるけれども、決して親のそばを離れないで養育をするというのが常であった。〉

〈ひとたび、親が病気になれば、奉公をやめるなり、奉公主に頼んで親元に戻ったり、それ

までしていた仕事を辞めて、家の中でできる働きに変えたりすることによって老親の養育を全うした。〉（菅野前掲論文）

親と「同居」することがこの時代の介護の基本形であった。介護に直面すれば、同居が始まり、離職を余儀なくされ、経済的に追い詰められていく、という前項の下級武士たちとも相通じる庶民の介護実態である。

男性にあった「介護責任」

柳谷は前掲の論文および著書において、武士家族における介護の実際から、近代以降・現代における介護の態勢とどのような相違があるのかという問いを立てながら、その特徴を詳述している。概略となるが見てみよう。

柳谷は、江戸時代の介護は当主である男性に課せられた責務であり、いまの時代とはベクトル（方向性）は異にするが介護における性別役割というジェンダー規範である、と言う。それは孝行規範を内面化した男性と、その規範役割の遂行を保障する社会システム（前述の「看病断《かんびょうことわり》」等）の存在によって特徴づけられる、というのだ。

江戸時代には介護を担ううえでの具体的な知識や技術の取得は、男子の教育の分野となっていた。貝原益軒《かいばらえきけん》『養生訓《ようじょうくん》』、林子平《はやししへい》『父兄訓《ふけいくん》』など武家における介護教育のテキストは、男性を読者と見据えて親を介護することの意味や理念、医療・薬効の解説、具体的な介護知識や技術の修得を促していた。精神論だけでなく、休業して介護に専念することを可能とするような制度も進んでいた。

一方、女性たちには、舅《しゅうと》・姑《しゅうとめ》への従順は説くが具体的な介護知識の提供はなく、教育の機会もほとんどなかった、という。そして、封建社会の徹底した女性差別構造の中では、介護という重要な家族扶養の行為役割もまた、責任主体としての男性に対して強く機能するという構図であったのではないか、と結論づけている。『官刻孝義録』では、介護に関わる男性の孝行事例が女性のそれをはるかに上回っていることや、その地方版『仙台孝義録』でも孝行者として表彰された事例のうち男性は女性の2倍以上を占めており、特に男性の表彰区分の7割は家族や親族の扶養・介護に関わるものとなっていること、などをその証左として記している（柳谷『近世の女性相続と介護』）。

ただ、留意しておかねばならないのは、上記のような江戸時代における男性に特化した介護のジェンダー規範という特徴づけは、実際の介護実務も含めて男性にすべてが課されていたということではない、ということだ。前述したように介護の実務に当主たる男性自身も従事していたのはもちろんだが、しかしそれは実務を担う多くの下女たちの存在があった上での武士の介護責任の役割遂行だった。とはいえ女性だけで介護実務を担うということではなかった。介護を担うために雇われた男性（下男）もいたように、この時代の介護役割は、「責任」は男性で「実務」は女性ということでも、その後（明治以降）に起こった介護における女性への「役割の固定化」ということでもなかったことを柳谷は指摘している（柳谷前掲書）。

〈近世社会では実際の介護は今日みられるように、娘・妻・嫁という女性たちに集中していたわけではなかった。（中略）老親や病人の扶養・介護は男女がともに担っており、言いかえれば扶養・介護の重圧は、男女の別なく襲っていたのである。ただし子供が未婚の場合は、娘ではなく、跡取り息子に責任が委《ゆだ》ねられる傾向が強かった。〉

子育て責任も男性に

江戸時代においては介護と同様に育児でも、その主たる担い手は男性だったことが知られている。

精神科医・香山《かやま》リカの「ニッポン 母の肖像」は、子育ては母親の仕事か、そして子育ての性別役割の固定化はいつから始まったのか、という問いを立て、子育てにおけるジェンダー規範について論を進めている。この論考は、2010年1月に放映されたNHK教育テレビ「知る楽」のテキストとして書かれたものだが、その第1回講義「大江戸子育て事情」では、江戸時代の子育ての第一義的責任者は、実は母親ではなく父親であった、と史料を駆使して解説している。介護と同様の事態が、子育ての分野でもあったようだ。介護も育児も同様に家族の再生産機能の中核に座る領域であるが、いずれもが江戸時代では女性ではなく男性がその第一義的責任者であったということはいま一度確認しておくべきことではないか、と思う。香山の論考に依拠しながらその概略を紹介してみよう。香山のこの論の多くは、小泉吉永《こいずみよしなが》の一連の著作に拠《よ》っている。寺子屋の教科書など往来物《おうらいもの》と呼ばれる近世史料の収集家として知られる小泉は、その著『江戸に学ぶ人育て人づくり』の中で、山鹿素行《やまがそこう》『山鹿語類《やまがごるい》』に記された「理想の父道」を以下のように意訳している。

〈父たるの道は、まず、子どもが幼い間は細々と教戒を尽くす。そして、子どもが成長し、物事が任せられるようになったら次々と家事を任せ、世間の事柄にも慣れさせ、身に付けた才知や徳行を実際にやらせてみて、子どもの正邪を見極める。さらに子どもが四〇歳を越え、ほとんどの物事を学んだら、子どもに家事を譲って、父は官職と家禄を辞して子どもの後見役になる。生前にこのようにしておけば、父親は、死後のことを子どもに命じる必要がないため、臨終に及んで遺言することもなく、生前から死後まで安心して思い悩むこともない。〉

香山や小泉を通して語られる江戸時代の父親たちの子育て奮闘記は、いかつい四角四面の行儀作法で語られる武士のイメージからは程遠いものである。山鹿素行『山鹿語類』や林子平『父兄訓』、中村新斎《なかむらしんさい》『父子訓《ふしくん》』といった育児の指南書を熱心に読み解きながら、子どもの将来を案じて一喜一憂している愛情あふれる、今で言えば「イクメン」たる父親像の一端を垣間見《かいまみ》ることができるようだ。

それでは、江戸時代の女性たちは子育てにどのように関わっていたのだろうか。江戸時代の父親たちは子育ての全責任を負わされているような現代の母親たちとどう違うのだろうか。当然ながらこうした疑問が湧いてくるのだが、香山は次のように述べる。

〈江戸時代までの母親は、いささか古いフレーズを使えば「私産む人、あなた育てる人」とばかりに、長男さえ出産すれば、あとは子育ての重責のある部分を父親である夫や共同体のネットワークに託すこともできました。また、長男にはイエを継がせるが、あとの子どもたちのことは悪いけれど知らないよ、とばかりにある程度、責任を放棄することもできたはずです。〉（香山前掲論文）

男女不平等の徹底した封建社会での女性に強いられた子どもとの向き合い方だが、いかがなものだろうか。男子を産んで初めて家での地位確保が叶いつつも、子育ての責任から逃れられたとも、子育ての役割から排除されたとも言えるような、江戸時代の母親たちに幸はあったのだろうか。子育てから疎外された現代の男性の課題にも通底するものを感じるのは、私だけだろうか。

「富国強兵」「良妻賢母」と性別役割分業

育児や介護という家族のケアを引き受けるのは、古くから女性に割り振られた固有の生活行為ではないか、と漫然と思っていた人は多いのではないか。正直に言えば、当たり前のように台所に立つ母を見ながら、「私作る人、僕食べる人」という食品CM（一九七五年）のように時代のジェンダー規範を息するように吸い込んで育った私自身もそうだった。この課題に目を向けるまでは、こうした俗論にたいして違和感を持つこともなかったような気がする。むしろほとんど気付くまでもなく深く内面化していたのではないか。

ところが介護する男性も、育児する男性も、かつての江戸時代では何ら珍しいことではなかったようだ。であれば、男たちが育児や介護の現場から撤退、あるいは排除されるのが当たり前になったのは、いつの頃からだろうか。

柳谷は「現代の日本で女性がもっぱら介護を担っている状況は、まさに日本の近代化の所産にほかならない」（『近世の女性相続と介護』）と言う。明治期の学校教育では、看護介護は女子にふさわしい務めであること、そのために高齢者の処遇の仕方や看護介護の具体的な方法が教えられた、というのだ。孝行者の表彰においても、明治以降は介護を担う女性が大半を占めるようになったという、そんな社会の介護規範も記している。さらに、大正期に形成されたサラリーマン家庭における専業主婦の登場は、介護を女性の専業とする社会通念を生んだとする。

香山もまた柳谷の説と同様に、明治以降のこの社会の新しい指導理念となった「富国強兵」と「良妻賢母」が、介護や育児、家事という家族の再生産機能を、女性の役割として固定化したのだと述べている。「富国強兵」は男性を家庭生活の主たる責任者という役割から遠ざけて外部社会一本にレールを敷き、日清《にっしん》戦争後に生まれた「良妻賢母」という思想は女性の生き方に決定的な影響を与えたのだ。これまで、子どもを産む以外は責任能力のない「イエ」の付属物として扱われてきた女性たちが、「良妻賢母」たる「妻・母親」という役割の遂行を通して自らの存在理由と地位向上の根拠を得たといってもいい。ただ、その光明は、それ以降女性に割り振られ固定化される性別役割の遂行においてのみ、という制約的な枠組みの中でのことであったと歴史は教えている。

『たそがれ清兵衛』と介護

こうして時代は進んできた。性別による役割分業の徹底をシステム化した明治・大正を経て、「パン（経済）とバラ（尊厳）」をスローガンとする国際女性デーなど女性運動が始まった時代に入っての、介護する男性の「よみがえり」を、江戸時代の介護を生き抜いた武士たちなら何と思うだろう。「無論、男子の心得なり」だろうか。

藤沢周平《ふじさわしゅうへい》は短編小説『たそがれ清兵衛《せいべえ》』（1983年発表）で以下に記すような下級武士の介護生活の一端を書いている。要介護となった労咳《ろうがい》（結核）の妻との暮らしを描き、いわば「愛妻物語」となっているのだが、後年に山田洋次《やまだようじ》監督によって映画化（2002年公開）された際にはこの構図は違っていた。妻に先立たれ、認知症になった老母の介護と2人の幼い娘たちの養育を担うという、今風に言えばダブルケアラーとしての独身の下級武士という設定になっていた。

この『たそがれ清兵衛』の小説と映画の介護関係の相違について、柳谷慶子は『江戸時代の老いと看取り』の中で、小説の愛妻物語を映画では老母の介護物語に「つくりかえた」と述べた。そして小説と映画が公開されたそれぞれの時代の介護観の相違にその理由を求めている。藤沢の小説で親の介護が物語の外に追いやられているのは、親の老後の心配は一部の人の問題とされる風潮が1980年代半ばまで続いたためだという。高齢化に関心の及ばない時代を映し出しているとも言える、と述べている。一方、映画が公開された2002年は、介護保険制度（2000年）がスタートした直後だ。親の老いをいかに支えていくのかがもう誰にとっても切実な問題となって迫ってきていたとして、こうした現実を背景にして清兵衛の母は登場させるべき人物として設定された、というのだが、どうだろうか。私は、次項で述べるように少し違う解釈をしているのだが、しかし、いずれにしろ清兵衛は今で言えば仕事と介護の両立をなんとかこなしている公務員のような役回りだ。妻の介護の様子を小説で追ってみよう。

〈まず寝ている妻女の夜具をはいで、そろそろと抱え起こす。つぎに手をそえて立たせると、おぼつかない足どりの妻女に手を貸して、厠《かわや》まで連れて行く。そのひと仕事が終って、妻女を寝かしつけると、清兵衛は今度は台所に立つ。

飯を炊き、汁を煮るその間に、朝は出来なかった家の中の掃除を頬《ほお》かむりしてざっと済まし、雨戸のあるところは雨戸を閉め切る。そういう姿を、同じ組屋敷の者に見られることから、たそがれ何とかと蔑称《べっしょう》めいた渾名《あだな》が立っていることは、清兵衛も承知しているが、妻女が病気に倒れて数年、ほかにひともいない家だからやむを得ないのである。

清兵衛は、出来上がった飯の支度を、茶の間にはこび、妻女に喰《く》わせながら自分も飯を喰う。〉

介護疲れで日中の城勤めもおろそかになり、たそがれ時になればそそくさと帰り支度を急ぐために同僚からは「たそがれ清兵衛」と蔑《さげす》まれた。出世などとは無縁の冴《さ》えないこの男、実はひとたび剣を取れば凄腕《すごうで》の持ち主なのである。「剣の達人」と「介護をする」という両義的な価値志向性を一人の下級武士の中に埋め込むことによって、この小説の舞台装置は見事に整って、ほぼ中高年男性と想定される藤沢の熱心な読者の喝采《かっさい》をさらった。

清兵衛と「ワーク・ライフ・バランス」

文芸評論家の斎藤美奈子《さいとうみなこ》はこの小説を「ワークライフバランスについてちょっと考えさせる」といい、「モーレツサラリーマンがまだ多かった八〇年代、働きすぎの日本人を立ち止まらせる意図もあったのかもしれない」(斎藤『名作うしろ読み』)と指摘している。

この小説が発表されたのは1983年だが、この頃ほぼ大家族が終焉《しゅうえん》し、核家族という家族形態がそれを圧倒する時代に入っている。また、国内外で介護や男女平等に関する重要事項が相次いだ時期でもある。長く続いた高度経済成長から低成長へと移行する時期でもあった。小説『恍惚《こうこつ》の人』の刊行(1972年)、同名映画の公開(1973年)、国際女性デーの制定(1975年)、国連女性差別撤廃条約(1979年。日本での批准は1985年)、「呆け老人をかかえる家族の会」発足(1980年)、育児・介護休業法などを明示したILOの家族的責任を有する男女労働者の機会及び待遇の均等に関する条約(1981年。日本での批准は1995年)。介護が社会問題と化し、男女平等が潮流となる時代だ。この時代を俯瞰すると、小説『たそがれ清兵衛』が親の介護を物語の外に置いたのは、この時代が介護問題への関心が薄かったため(柳谷)ということではなく、むしろ主流派となった核家族を舞台に、高度経済成長期の男たちの働き方や暮らし方の歪《いびつ》さを反省的に焦点化したことにこそ、藤沢の狙いがあったのではないか、と思う。斎藤が言う「ワークライフバランス」もその一例である。

藤沢周平がどこまで意識していたかは分からないが、男性が介護者として押し出され、仕事と介護の狭間《はざま》で、慣れぬ家事や介護の苦行に身を置かざるを得ない時代の到来を、清兵衛を通して炙り出そうとしたのではないか。清兵衛の目から見れば、世紀を超えて「よみがえった」ケアメンたちである。

ただ、清兵衛たちが生きた時代を考証すれば、清兵衛のように妻を介護する男たちを史料に見ることは難しい。江戸時代に当たり前にあった介護する男性たちは、親に孝行するというあの時代の規範を強く内面化した息子たちだった。柳谷は、小説ではなく映画での舞台設定こそが「江戸時代の家と家族の一つの側面をたしかに描きだしている」(『江戸時代の老いと看取り』)と述べた。

親への孝行の裏側では、清兵衛とは違って、妻を虐待、離縁する夫たちの事例が数多く史料に残されている。母を養う孝行者として藩から表彰された信濃国の源蔵は、その一方で今の妻を迎えるまでの8年の間に、妻を3人迎えるも母の心にかなわないという理由でそれぞれ離縁している、と記されていた(菅野『江戸時代の孝行者』)。親の意向に添わないからといって、叱責《しっせき》する、妻としない、あるいは離縁を選んで「不孝の罪」を逃れた「孝行」息子たちの事例は、源蔵だけでなく武士家族にも数多く記録されている。母への孝行と妻への冷遇という社会構造の権力性を示す生々しい記録である。

江戸時代の記録には見ることができなかった妻を介護する夫たちだが、150年以上を経て、彼らは今この時代の介護する男性たちの真ん中に立っている。そして、明治・大正はおろか第二次世界大戦後の昭和・平成にかけても介護役割の中心を担ってきた息子の配偶者、嫁の介護者としての意識と役割の変容もまた、現代を象徴するものとなっている。

『恍惚の人』の反響

小説『恍惚の人』は、翌年公開された同名映画とともに爆発的ヒットとなったが、その作者有吉佐和子《ありよしさわこ》がのちにいみじくも述べているように、日本社会の老人問題を可視化した点で特筆される作品となった。映画で嫁の昭子《あきこ》を演じた女優の高峰秀子《たかみねひでこ》との対談で有吉は次のように語っている。

〈私にもしもこの小説で社会にお役に立ったことがあるとしたら、それは、自分にカンケイないと思っていた人に「みんなカンケイのある問題なんですよ」ということを思い知らせた、という功績があるのでなかろうか。どう？〉

（有吉・高峰「『恍惚の人』を書かせたボルテージ」）

小説や映画というメディアの影響は凄まじい。「恍惚」は、当時一般に言われていた「モウロク」とか「ボケ」に代わる認知症を指す新しい言葉としてまたたくまに世間に広がっていった。書名にこの語を選んだ経緯を、有吉は文芸評論家平野謙《ひらのけん》との対談の中で次のように言っている。

〈たまたま私は頼山陽《らいさんよう》の『日本外史』を読んでたんですけど、その中に三好長慶《みよしながよし》が松永大膳《まつながだいぜん》に滅ぼされるくだりに、「三好長慶老いて病み恍惚として人を識《し》らず」と書いてある。これは耄碌《もうろく》だというので、そのとき題が決《き》まりました。〉

（有吉・平野「〝老い〟について考える」）

三好長慶とは一時権勢を振るった戦国武将だが、晩年は家臣の松永久秀《ひさひで》に実権を奪われ、失意のうちに病死している。

小説として評価を受けたいと思っていた有吉の意向に反して、老人問題や「モーロクヂヂイの話だ」と評されることにカッときている、という有吉の言葉も記されている。確かに、当時の書評には「老醜」をことさらに強調するようなものもあって驚く。

〈端的にいえば、主人公ともいうべき茂造《しげぞう》は、一個の奇怪な生きものとして存在し、主として彼の息子の嫁である昭子の視点から、この老醜の象徴ともいうべき人物の運命が描かれていくのである。〉

（磯田光一《いそだこういち》「ユニークな老人文学」）

この「老醜」について、有吉は次のように抗議の声をあげている。

〈私、『恍惚の人』のなかで「老醜」ということばを一つも使っていない。だってそうでしょう？　私だって高峰さんだって、いずれああなるんだから、私、人間を冒瀆《ぼうとく》したくないという配慮はしているつもりなのに、その精神を読み落とされてるのは残念だわ。〉

（有吉・高峰前掲記事）

有吉の憤りは想像に難くない。森繁久彌《もりしげひさや》演じた舅・茂造の異常な行動ばかりが独り歩きして、のちに認知症のイメージを黒く塗りつぶした作品として批判の対象ともなったが、しかしそれは同書が上梓された1972年という時代の制約である。医学的根拠も福祉・介護の社会資源も援助の方策もまだほとんど日の目を見ていない時代だった。

「自分の親でしょう」

『恍惚の人』は日本社会の老人問題を可視化した点で特筆される作品となった。そして、この作品には認知症になった舅の介護をひとり背負って煩悶する嫁に相対《あいたい》する形で彼女の夫、つまり舅の息子の信利《のぶとし》も登場する。

印象的なフレーズと場面がある。「自分の親でしょう」。親の介護を自分に任せきりにして、介護に真摯《しんし》に向き合おうとしない夫に対して発する昭子の怒りの声である。一度は、真夜中に「昭子さん、小便が出ますよォ」と訴える茂造の用足しの介助を終え、眠りにつこうとした矢先に、再度の訴え。その声を聞いた夫は「おい、親爺《おやじ》が何か喚《わめ》いているぞ」と隣の寝床から言い放つ。昭子は腹立ちまぎれに言い返した。「あなた、たまには自分もやったらどうなの。自分の親でしょう」

このフレーズはもう一度出てくる。茂造が気付かぬうちに家を出て帰ってこなくなったときだ。昭子に叩《たた》き起こされた夫はぼやく。「こんなことを始終されたんじゃあ、たまらんなあ」「自分の親でしょう」「二言目には親だ親だと言うな」。夫婦のいさかいが始まった。

これこそが、主たる介護者の担い手が嫁から実子へと劇的に移行することを象徴するシーンであり、フレーズであった。「自分の親でしょう」。私は、邪魔はしないし協力することも惜しまないけど、あなたたち兄弟姉妹の親でしょう⁉ ということだ。介護を担うべき者は誰か、それは何を根拠とするのか、をめぐってそれぞれの家庭での交渉課題として問われ争われ始めようとする時代をまさに象徴する場面である。「自分の親でしょう」は、嫁たちの決め台詞《ぜりふ》となった。

有吉がこの小説のために費やした取材期間は6年というから、昭子たちの介護に反映された時代は1960年代だ。第3章で扱う日本初の「居宅ねたきり老人実態調査」(1968年)も取材対象となったに違いない。1964年の東京オリンピック、1970年の大阪万国博覧会と高度経済成長真っ盛りの時代だ。茂造と昭子たちは同一敷地とはいえ別世帯の核家族、子どもは一人で大学受験生、夫はサラリーマンで昭子も就労していた。それでもまだ介護を担うのは女性、とりわけ嫁の専業だと思われていた時代、介護をめぐって家族や親族、地域が抱える葛藤を見事に映し出した。

介護は誰にも関係のある問題であることを知らしめたと有吉佐和子が自己評価したこの国の介護問題は、ひとり重荷を背負って築いた昭子たちの轍を道標《みちしるべ》として、ようやく社会の表舞台に立とうとしていた。有吉によれば「昭子」の名は昭和の女をイメージしたというが、その名の通り昭子の介護体験は、その後に始まる「介護の社会化」という新しい介護システムを動かそうとしていた。

「自分の親ですから」

2020年、「認知症の人と家族の会（旧・呆け老人をかかえる家族の会）」（京都市）が発足して40周年を迎えた。コロナ禍だから祝いの席は設けられなくて、関係者にはずいぶんと寂しい残念なことになったが、思いの詰まった40周年の「記念誌」は手元に届いた。

家族の会の発足に尽力した医師・三宅貴夫は、この高齢者分野では初めての全国的な家族の会の結成について、映画化もされたあの有吉佐和子の『恍惚の人』を凌ぐインパクトを有している、と記している（三宅編『ぼけ老人と家族への援助』）。今でこそ1万人を超す会員を擁し、日本を代表する当事者団体として社会的政治的な影響力を発揮している家族の会だが、会員数1千人そこそこのときに、数百万の読者・視聴者を得ていた『恍惚の人』を凌ぐと見得を切った三宅の慧眼《けいがん》に驚くばかりだ。

この時期の家族の会の取り組みを概観してみよう。「呆け老人をかかえる家族の実態調査」は発足した1980年の12月に実施され、翌年に会報「家族の会」（1981年6月、7月）にその結果報告がなされた。また、『保健婦雑誌』（1982年2月）にも同会理事を務めた看護学者中島紀恵子《なかじまきえこ》の寄稿がある。回答数は376人（うち介護者は279人）だが、そこでは、介護される人は女性が66・0％で男性は34・0％であり、介護する人では、女性が90・0％で男性は10・0％となっていた。続柄では、「嫁ー姑」が最も多く29・6％、次いで「娘ー母」21・8％、「妻ー夫」20・9％と続く。妻を介護する夫は6・4％であった。

さらに、1982年3月には「呆け老人とその家族の実態——呆け老人をかかえる家族の会の第2次全国調査」が実施され、これも会報「家族の会」（1983年5月〜84年12月）および『保健婦雑誌』（1982年12月）に中島らによる詳細な調査結果が報告されている。回答数は658人（うち介護者は462人）と家族の会の組織拡大の状況が反映されている。この調査での介護者の性別は、女性が89・1％、男性は9・4％、不明1・5％となっている。介護者の性別による特徴では、主たる介護者が男の場合、妻を介護している「夫」が最も多く、年齢では60歳以上が63・8％を占めている。一方、女の場合は舅を介護している「嫁」が最も多く、年齢は59歳以下が75・5％を占めている。1980年代に入ってもなお介護者は女性という時代は続いていたが、男性介護者の声も徐々に聞こえ始めていた。

自身も母の介護を引き受け、発足当初から同会の代表を長く務めていた髙見国生《たかみくにお》が、この頃に次のような発言をしている。同会会員の多くが女性・嫁であることを憂え、「もっと男が前面に出てほしい」。だって「自分の親ですから」、と（座談会「呆けを看つめる日々のなかで」）。『恍惚の人』の嫁・昭子は、「自分の親でしょう」と夫・信利をなじっていたが、それから10年、やっと息子たちからも「自分の親ですから」という声が聞かれるようになったのである。

男が変われば介護の世界は変わる。私たちのネットワークの歩みもこのような歴史の中に位置づければ、小さくても意味のある一歩、だと思う。

「男性介護者」の復活

第二次世界大戦の終戦そして戦後の高度経済成長という大きな社会や経済構造の変容を経て、介護する夫や息子たちが「よみがえった」のだが、彼らは介護問題の研究や支援にどう対象化されてきたのか。本章のまとめとして、このことに話を進めてみようと思う。
クレア・アンガーソンの『ジェンダーと家族介護』（１９８７年）は、今日的な男性介護者問題に論及した最も古い論考の一つと思われるが、彼女は同書日本語版（１９９９年）への序文で次のように述べる。

〈男性も介護を行っているという事実（大部分は年老いた妻を介護しているのですが）が知られるようになったことにより、介護に関するイギリスの研究文献の傾向が、フェミニズムの影響が圧倒的に強いパースペクティブから、介護者に関する階級や性や人種による多くの相違点、あるいは婚姻状態や世代、年齢、障害の状況という次元での多くの相違点を考慮に入れたパースペクティブへと微妙に変化してきています。〉

男性介護者の出現が、介護研究の分析視点に影響することを見通した同書の日本語版が世に出たその頃、日本でも少数ではあるが、以前は「介護者」一般でくくられていた分野で「男性介護者」を主題化する貴重な調査研究が報告されていた。

早くから男性介護者の支援活動に取り組んできた看護学者・奥山則子《おくやまのりこ》は、「男が介護しているのは、本人はそんなに惨めとは思わないが、傍らから見るとやはり『惨めだなあ』と思いますよねえ。男の介護者を見るとそう思うから、僕のことをよそから見たらそう思えるんじゃないかなあ」「辛抱というか、何というかねえ。じっと耐えている」と「介護する惨めさ」を漏らす男性の声を記録している（奥山「性別役割からみた高齢男性介護者の介護」）。奥山は、男性介護者に焦点を当てた研究がこれまでなされてこなかった理由として、第1にこれまでの介護問題研究は介護者の実態を全体的に捉えて考えられることが多く、介護者の中で少数であった男性介護者は見落とされていたこと、第2に男性介護者の介護状況を論じることは数値化しにくく、家庭内という私的領域内での生活行為という特性から論議が難しくかつアプローチしにくい領域であったことを挙げている。介護がまだ私的な行為であり、また介護を担っている男性は少数派ということから自らの介護体験を積極的に公表することの少なかったこの時代の制約でもあったと言えよう。

「介護弱者」としての男性への着目

この時期の男性介護者研究の多くは、看護・保健分野からの発信ということに特徴がある。いずれの研究も、奥山が指摘しているように、在宅での家族介護者の総体ではまだ少数ではあったが、顕在化しつつあった男性介護者の抱える諸問題に着目し、面接などの対面調査によりその介護の実態と特徴を明らかにすることを主題としているのが特徴である。看護・介護の臨床場面において遭遇する「介護弱者」「介護困難者」としての男性介護者への着目である。男性の介護にはどのような特徴があるのか、介護する男性に特有の困難・課題とは何か、に関心は集中していた。ここには、1980〜90年代にかけて在宅で介護を担う家族介護者の全体像がようやく可視化されつつあったという介護をめぐる当時の社会情勢も大きく影響している。

小田原弘子《おだわらひろこ》と中山壽比古《なかやまとしひこ》は福岡県大牟田《おおむた》市で1992年に行った老年化病棟に入院中の痴《ち》呆《ほう》性老人を介護している男性50人への面接式アンケートの調査結果をもとに、男性介護者の介護困難を「男性介護者の介護困難の内容は、身のまわりの世話、および家事労働であった。そのなかでも、とくに排泄や食事の介助が最も多く、問題行動は少なかった。男性介護者は、女性介護者に比べてそれぞれの介護に時間がかかり、介護負担がよりいっそう強くなっていると考えられた」と特徴づけている（小田原・中山「痴呆性老人患者の在宅看護に及ぼす影響の検討」）。そして、こうした男性介護者の介護実態を踏まえて理想とする介護者像を提起している。「筆者らの経験した最も理想的な介護パターンは、女性の主介護者と、男性の副介護者の組み合わせであった。これは、女性の介護実践能力と、男性の体力的な要素を反映したものであろう」ということだった。老いた家族を抱えて介護に悩み戸惑う孤独な男性介護者の介護実態の実際から導き出された介護パターンであったが、アンガーソンや後述する春日《かすが》キスヨが論じたジェンダー視点をここに見ることはできない。多くは上記のような介護される人する人の実態把握と支援の在り方という強い実践的志向性を持った研究に、この時期の特徴があったと言えよう。

「加害者」としての男性

介護心中・殺人などの不幸な事件が介護分野での大きなテーマとなっているのだが、こうした事件は1970年代からメディアで盛んに報道されるようになっていた。これにいち早く着目して警鐘を鳴らしたのが太田貞司《おおたていじ》だった。太田は当時、東京都荒川区保健所のケースワーカーの職にあったが、1974〜86年の13年間に全国紙3紙で報道された介護をめぐって引き起こされた事件29件をもとに分析を行った。そして、特に大都市部での介護実態の変容を指摘し、「老夫婦」「夫婦と未婚の子」という家族類型での孤立した介護問題を指摘するとともに、男性介護者の存在にも着目し次のように記している。

〈〔老人介護事件の加害者は〕夫や息子の男性の介護者が多いのが特長(徴)で、女性の介護者の場合でも、未婚の娘が多く、妻や嫁の割合が少ないのが特長(徴)である。東京都の場合、介護者が夫五・六%、息子一〇・三%、未婚の娘九・八%であるのに対し、〝老人介護事件〟の場合は、夫三四・五%、息子一〇・三%、未婚の娘二四・一%である。〉

（太田「在宅ケアーの課題に関する試論」）

介護者の母体数ではわずか5%余りに過ぎない夫が、事件加害者としては35%を超えるという異常さである。太田が手がけた介護事件報道を素材とした調査手法は、その後、湯原《ゆはら》（加藤《かとう》）悦子《えつこ》が、裁判資料の徹底した読み込みから支援の方策を探り、再発防止の環境整備に寄与するという司法福祉の視点を導入してより緻密な『介護殺人』（2005年）の調査研究へと昇華させた。介護をめぐってより一層複雑さを極めている家族関係の解明や介護の社会資源の拡充をも視野に入れた支援の在り方に有意な社会的発信を続けている。また、一瀬《いっせ》貴子《たかこ》の博士学位論文「在宅痴呆症高齢者に対する老老介護の実態に関する研究」（2002年）は、サブタイトルに「高齢男性介護者の介護実態を中心にして」と付してあり、「男性介護者」を主題とするものとしてはおそらく初めての学位論文であろう。この時期、一瀬は別稿で、男性介護者に関する支援などの研究の意義について次のように述べている。

〈男性介護者は介護を一身に背負い、精神的負担が非常に強いことや、周囲への援助要請姿勢が消極的であること、痴呆や介護への知識不足が介護への負担感を強くしていることなどが推測される。〉

〈高齢者介護問題を取り上げた従来の研究では、介護が伝統的な性別役割規範のもと、嫁や娘といった比較的若い女性によって担われてきたため、高齢配偶者間介護、特に高齢の夫が介護者である場合の介護問題については研究が不十分である。〉

（一瀬「高齢者の心中事件に潜む介護問題」）

表2　長野市で発生した介護をめぐる事件

発生日	1997.1.13	1997.3.4	1998.6.28	1999.1.2
発生場所	篠ノ井	松代	安茂里	篠ノ井
事件の形態	妻を夫が殺害	妻を夫が殺害し、自殺	母を長男が殺害し、長男は自殺未遂	妻を夫が殺害し、自殺
介護者	夫	夫	長男	夫、長男の妻
同居形態	2人暮らし	夫婦と次男の3人暮らし	母と長男夫婦の3人暮らし	夫婦と長男夫婦、長男の次男（孫）の5人暮らし

長野県社会福祉士会『介護問題緊急アピール特別委員会活動報告書』（1999年）より筆者作成。

一瀬は、こうした男性介護者視点からの分析のもとに、今後の研究課題として、「高齢の夫介護者に焦点をあて、ジェンダーの視点やライフサイクルの視点などを取り入れながら介護実態の分析を行っていきたい」と結んでいる。

福祉職能団体も声を上げた

また、この時期、職能団体の優れた実践記録も残されている。長野県社会福祉士会の取り組みであるが、同会は長野市で連続的に発生した介護殺人・心中事件を機に、単発ではあったが電話相談という実験的な支援活動や、男性介護者の具体的調査に取り組んだ。どのような事件だったのかは表2の通りである。この活動を記録した『介護問題緊急アピール特別委員会活動報告書』（1999年）には次のような総括が記されている。

〈介護を苦にしての無理心中や殺人ほど、福祉関係者にとって痛ましいものはない。無理心中や殺人の首謀者は加害者であると同時に社会的には被害者であるという側面を持っているからである。それは、現在行われている公的介護サービスを受けている、いないに関わらず、ソーシャルワーカーとして一人の尊い生命を地域の中で支えきれなかったという自責の念、やるせなさである。〉

草創期の職能団体による自主的主体的な社会活動の典型だが、貴重な取り組みである。そして、介護や福祉の専門職の立場から「男性家庭介護者」の介護実態を明らかにしながら支援課題を提言しているこの『報告書』は、職能団体による数少ない貴重な調査報告、支援の提言となっている。

「デキる男」という見立て

こうした、介護困難者・介護弱者としての男性への支援方策の検討とは別に、社会学・ジェンダー視点からの介護研究は、春日キスヨが先んじて手がけていた。春日の『孤独の労働』(1992年)は、介護者へのインタビュー調査というアンガーソンと同様の手法でまとめたものだが、当時の福祉政策の大きな潮流となろうとしていた「在宅福祉政策」批判の根拠化という研究目的もあってか、ジェンダー視点以上に「弱体化する家族の介護力」のもとで提起される在宅福祉政策の脆弱性《ぜいじゃくせい》を焦点化し、その範囲での男性介護者の厳しい介護実態もフォローしている。さらに春日は、その後の『介護とジェンダー』（１９９７年）において、本格的に家族介護におけるジェンダー問題を取り上げ詳細に論じているが、同書での男性介護者に関する春日の評価は以下の通りである。

〈男性介護者は、実は、介護役割は女性の役割だという支配的規範がある社会では、一般の男性より進取の気風のある人たちであることが多い。（中略）多くの場合、男性は自らの選択意思で介護役割を引き受けることができる。したがって男性の中で介護を担っている人は、一度自らの選択意思というフィルターをかけられ、その中で残った選りすぐった人たちなのである。〉

春日がこの評価を下すには、少し事情があった。男性のほうが女性より熱心で、いろいろな介護の知識・技術の導入にも積極的で、いいと思ったらすぐに取り入れて工夫する。何でも男性のほうがやれば上手になる。これは介護には性別は問題ないというある保健師から聞いた事実として春日によって紹介されている。それがためにこのような「デキる男」の介護スタイルを持ち出して、否応《いやおう》なしに介護役割を自明のものとして強制されている「並みの女性」の介護と比べて男性の介護を称賛することへの違和感を表明しているのだ。男性介護者が、「デキる男」として褒めたたえられるのは、介護役割を拒否することも可能なのにあえて介護者の道を自ら志願した優れ者だからだ、ということだ。一方、介護することが当然視され義務化された女性の場合はこうはならない、愛情があろうとなかろうと、介護は女が担うべき役割として迫られる、というのだ。アンガーソンは、介護者における性差の特徴を、「愛情の男性／義務の女性」と評したが、春日は「選択の男性／強制の女性」としてモデル化した。

1980〜90年代にかけて発見された男性介護者は、一方では看護・介護の臨床現場からは、困難を抱えながら介護を担っている支援の必要な「介護弱者」として対象化されてきた。他方ジェンダー・フェミニズムの研究者からは、介護を担う夫や息子たちは少数だが自ら介護することを選んだ進取の気風に富んだ介護者として、男性一般からは隔絶されるような特別な存在としてモデル化されてきたのである。家族の変容と女性の社会参加の拡大は、それまで家族の中に封印されてきた介護問題を、その家族の殻を突き破って社会にさらけ出した。看護・介護の臨床現場やジェンダー視点からの介護問題へのアプローチは、その殻を叩き割って「介護の社会化」に向かう巨大なハンマーとなった。そして、「介護弱者」と「デキる男」をひとつながりとして捉えようとする私たちの男性介護に関する実践と研究も始まった（津止正敏・斎藤《さいとう》真緒《まお》『男性介護者白書』）。

第3章　嫁はもう「絶滅危惧種」!?
——家族と介護の変容

介護保険制度はじまる

本書は介護する夫や息子といった男性介護者を主題としている。私たちは、彼らの介護実態にこそ、後述するような「新しい介護実態」が象徴的に表れているのではないか、と考えてきた。そして、彼らが否応なく家族などの介護役割を背負う立場に押し出されてくる過程とその構造を追うことによって、この社会における介護のポジショニングのこれまでとこれからの複雑な変容過程を解きほぐしていけるのではないか、そしてその先にはこの社会の到達点にふさわしいよりリアリティある「介護の社会化」の内実を構想し得るのではないか、と仮定し、介護の実践現場をフィールドにして研究と実践の往復作業を繰り返してきた。本書はこうした私たちのささやかな研究と実践の歩みの振り返りでもある。

かつて、ジャーナリストの大熊由紀子《おおくまゆきこ》は介護保険制度の成立過程を評して「崖《がけ》の上に、危ういバランスで、やっとのことで建てられた家に似ています」（大熊『物語 介護保険』）と言った。その意味は、「介護地獄」とも言われ、「寝たきり」ではなく「寝かせきり」老人と称された当時の劣悪な介護環境を前にして、霞《かすみ》が関《せき》・永田町《ながたちょう》という政治行政や産業・医療・専門職等々の業界のさまざまな思惑が絡み合い、せめぎ合うなかで生まれたこの制度の立ち位置の脆弱さを言い当てたものであった。

介護の政策化・事業化は、一方からは家族介護をないがしろにして日本の美風を損なうものだと批判され、他方からは保険料という新たな国民負担を課すばかりか福祉の公的責任を後退させ、市場原理に道を開くものだと厳しく否定される。このような両極の狭間で「介護の社会化」は始まったのだ。

私自身この導入期には地域福祉の現場に身を置いて、介護保険制度の意義や役割の市民啓発に奔走していた。当時、現場で見聞きしてきたこの制度に対する市井の反応は、新たに付加される費用負担への不満や不安もありながら、これから始まるに違いない豊かな介護福祉社会の到来に夢を託したいとする高揚した気持ちも、確かにあった。所得や家族制限を埋め込まれ、スティグマ（烙印《らくいん》）を張り付けられた特殊限定的な制度ではなく、「誰でもいつでもどこでも必要になった時に必要なだけ」利用できるユニバーサルな介護政策への期待だったと言えよう。だから、私もまた市民に制度をよく知ってもらうこと、そしてしっかり利用してもらうこと、そこから始まる制度だと自らに言い聞かせてきた。その後の介護保険制度の展開は、二十数年前に膨れ上がった私たちの期待に応えることができているのだろうか。

本書は、介護保険制度へのこうした問いを直接的な主題とはしていないが、しかし、その功罪を問うことは地下茎のように隠れた検証テーマとなっている。本書を手にした諸兄姉もぜひ一緒に考えてほしいと願っている。

半数が「嫁」だった時代

我が国初の全国レベルの介護実態調査である「居宅ねたきり老人実態調査」が全国社会福祉協議会によって実施されたのは、1968年7月のことである。その前年には、東京都と長野県で「ねたきり老人実態調査」が実施されているが、「ねたきり老人」という言葉が普及していなかったために調査名称に「臥床《がしょう》老人」という言葉も真剣に議論されたということが当時の記録に残されている。

全国調査は、民生委員制度創設50周年を期して策定した「民生委員児童委員活動強化要綱」に基づいて、「社会福祉モニター活動」の第1号として実施されたものである。調査の対象は、全国の70歳以上の老人のうち「ねたきりの老人」とした。「ねたきり」というのは「病気、けが（老衰をふくむ）などで日常ほとんどねた状態にあること」とした。調査は1968年7月4〜31日に行われ、調査員には全国約13万人の民生委員があたったが、その方法は「民生委員は担当地区内の70歳以上の老人のいる世帯を訪問し、当該老人がねたきりの状態にある場合は、その世帯の生計中心者またはこれにかわる人（当該老人が単身者の場合はその老人を看護している人）に面接質問の上調査票に記入」すると記されている。

70歳以上の高齢者は、このとき390万人とされているので、民生委員一人あたりにすれば約30人の高齢者世帯を担当し、そこで分かった「床についたきりの」寝たきりの老人全員の家庭を訪ねて、老人とその家族などに面談した。「年齢、病状、医療、看護、人間関係」など12項目について調べたものだ。その報告書は同年12月に発行されているが、この報告書の発行前にメディア・リリースされた調査結果をもとに書かれた全国紙の記事では、概略次のように報道されている。現在から見れば少し違和感のある表現もあるが、当時の環境をも反映していると思われるので、記事をそのまま引用する。

〈今度の調査結果によると、①日常ほとんど寝ている七十歳以上の老人は十九万六千人と推計され、一部の調査もれを加えると二十万人を越えるとみられる。これは七十歳以上の老人の五－六％にあたる②男女の比率は男四一％、女五九％で、寝たきり老人の六割がおばあさんである③寝たきり老人のうち人手をかりなければ便のできない老人が五五％と半数以上を占めている④看病しているのは嫁が四九％と半数を占め、次が配偶者（大部分が妻）で二五・六％。三番目が娘で一四・三％と、九割以上が婦人の肩にかかっている⑤家族以外の人、つまり近所の人、民生委員、ホームヘルパーなどに世話してもらっている老人が約八千百人もいる、などがわかった。〉

（朝日新聞１９６８年９月14日朝刊）

老人ホームは全国に「4千5百床」だった

「九割以上が婦人の肩にかかっている」との指摘内容は、調査報告書で次のように記されている。「おもな看病人は妻であり、嫁であり娘である。健康な時わがままのいえた妻、しゅうと、姑に対しては遠慮がちな嫁、おそらくは40才をこえているだろう戦前教育をうけた娘、これらの人達は老人のいいなりになっていることが多かろう」（全国社会福祉協議会『居宅ねたきり老人実態調査』）。当時の介護を担う女性たちの置かれた立場の代弁である。介護を担うのは圧倒的に女性。「介護者」とは、あえて「女性介護者」と言わずともそれが嫁・妻・娘という女性を含意するカテゴリーであったのだ。

介護する夫や息子への特段の関心は見られない。ただ、「看病は一人にまかせるのでなく、男も協力して輪番制をとることも考えてほしい」との指摘もあったが、その程度である。全国的規模で初めて実施されたこの国の介護調査を報じるのであれば、今ならテレビ、ラジオはもちろん、全国紙一面を飾るトップ記事となってもおかしくないビッグ・ニュースに違いない。だが当時は、社会面の人気漫画「サザエさん」の下段に「長寿嘆く20万人」を見出しに、わずか3段組で報じられたにすぎない。この分野への社会の関心の度合いとはこの程度のものであったことの証左ではある。

そして、同記事によれば、全国社会福祉協議会はこの調査結果をもとにした要望を厚生省に行っている。

〈この調査結果から、同協議会は①身寄りがなく、見かねた他人が手助けしている単身老人八千人のため現在、約四千五百人分の収容能力しかない特別養護老人ホームを緊急に増設してほしい②身体もふいてもらわず、汚れた寝具、汚物にまみれ、不衛生に放置されている老人のために、ホームヘルパー、ナースヘルパー、保健婦を定期的に派遣してほしい③家族からの冷遇を改めるためにも老齢福祉年金を大幅増額せよ④老人の医療費を全額免除し、健康診断を年二—三回にふやしてほしい、など七項目を厚生省に要望した。〉

半世紀ほど前の介護・福祉政策は、「福祉六法体制」(生活保護法、児童福祉法、身体障害者福祉法、知的障害者福祉法、老人福祉法、母子及び寡婦福祉法)などの法的整備がようやく整いつつあり、戦後憲法に明記されたような生存権保障には程遠く、権利として介護や福祉が私たちの生活に深く根差すという社会的な合意水準にも大きな課題を残しているような状況だった。介護や福祉はまだ個人や家族の個別私的な課題であり、社会が関与する対象という大きな合意には至らずに、困窮で家族など身寄りのない人への救貧的で差別的、劣等処遇を是とするようなものであった。福祉や介護の制度サービスが、今日のような「いつでも誰でもどこでも必要な時」に利用できるユニバーサルな制度体系に位置づけられるような時代ではなかったのである。介護が個別家族の責任の範疇《はんちゅう》としてあることを、国民の多くが信じて疑うこともなかったような時代であった。

しかしこの調査以降、社会と介護の関係は大きく変貌していくことになる。個別家族の問題という封印が解かれ、「福祉元年」（1973年）、「ゴールドプラン（高齢者保健福祉推進十か年戦略）」（1989年）を経て、「介護保険制度」（2000年）という「介護の社会化」を標榜《ひょうぼう》する時代を迎える。介護が社会政策の中心舞台に躍り出ていくのである。

「新しい介護実態」の登場

介護保険の体制化で主たる介護者はどのように変化したのであろうか。2000年の施行という我が国の介護政策の大きな変動期は、家族介護者とその介護形態にどのように影響したのか、改めて幾つかの数字を追いながら概観してみようと思う。

この社会の「介護者モデル」は明らかに輻輳化《ふくそうか》・多元化している。初めての全国的規模の介護実態調査から半世紀が経過したが、この間の政府や各種民間団体によるデータは次項以降に見るように、この社会が依拠してきた伝統的な性別役割による女性への「主たる介護者」の割り振りから、「配偶者介護」と「実子介護」への移行という家族介護のトレンドを鮮やかに示している。そしてこの「配偶者介護」と「実子介護」において、すでに介護の担い手における性差は縮小傾向にあることが明瞭《めいりょう》に示されている。夫婦間では3分の1が男性（夫）、実子では半数近くが男性（息子）という主たる介護の担い手の実態変容が明らかになっている。この政府データが映し出しているのは、特定の性別や続柄の誰かに介護役割を割り振るという従来型の介護政策・介護者政策の破綻《はたん》であり、「誰もが介護を担う」にふさわしい、介護に適合的な「社会モデル・生活モデル」を基盤とした政策の構築要請である。

介護保険制度がスタートしたのは2000年4月であり、法案が構想され議論が始まったのは1990年代。ホームヘルプ、デイサービス、ショートステイを在宅3本柱として地域福祉の核としようと構想されたゴールドプランの議論は1990年代後半から始まった。こうした介護の政策化・事業化の幾つかの節目を経て、在宅での介護実態は、それ以前とはずいぶんと違った様相を作り出している。私はこの変容を「新しい介護実態」として実践と研究の対象としてきた。「新しい介護実態」とはどのようなものか、そして介護者と介護のカ

図1　同居の主たる介護者の続柄

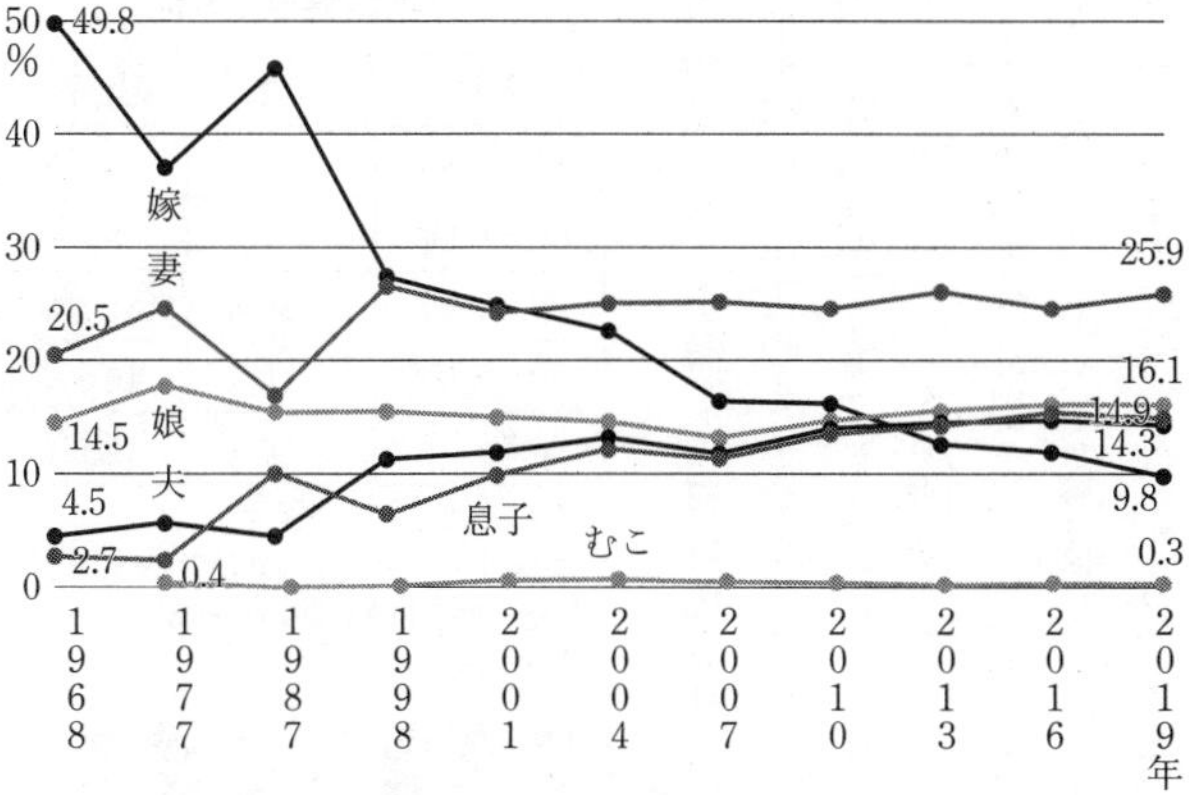

全国社会福祉協議会の「居宅ねたきり老人実態調査報告書」(1968年)、「老人介護の実態調査中間報告」(1977年)、「在宅痴呆性老人の介護者実態調査報告書」(1987年) より、1998年以降は厚生労働省「国民生活基礎調査 (世帯票)」より著者作成。いずれも「その他家族等」は除く。

タチはどのように変容してきたのか、とりわけ本書の主題でもある介護する夫や息子たちの課題は介護の世界にどう位置づけられているのか、それについてこれから考えてみようと思う。

夫婦もその子どもも高齢者

まず第1に、介護する人が、この社会でこれまで前提とされてきたものとは全く異なるということである。図1を見てほしい。このグラフはこの半世紀に起きた介護者の変容過程を辿《たど》ったものである。政府や民間の各種統計を基に作成したものであるが、数値の根拠については、本章の後段で詳述しているので、ここではあえてグラフの掲

表3　デイサービスを利用する男性介護者の年齢

年齢	人数	比率
50～59歳	4人	4.3%
60～69歳	8人	8.7%
70～79歳	38人	41.3%
80～89歳	41人	44.6%
90歳以上	1人	1.1%

津止正敏『男が介護するということ』（2007年）より。男性介護者106名のうち、年齢不明の14人は除いて集計した。

示にとどめておくが、主たる介護の役割はそのほとんどが女性の肩にかかっていた１９６０年代から、今や「介護者」を性別や続柄などによる「単一モデル」で語ることを難しくしていることを示すグラフである。

さらに、主たる介護者の高齢化も際立っている。私が男性介護者の抱える問題に関心を持って、初めて具体的な実態調査に取り組んだのは２００３年。その記録は斎藤真緒との共著『男性介護者白書』に一部収録しているが、詳細は私の本務校である立命館大学人間科学研究所から発行された小冊子に資料化されている（津止『男が介護するということ』）。その資料には、京都市内の15か所のデイサービスセンターを利用する男性介護者１０６名がリスト化され、その年齢構成を一覧にしている（表3）。この集計作業中に、あまりにも高い年齢階層の存在に、私はこのデータが間違っているのではないかと思わず作業を見直したことを覚えている。年齢不明を除く男性介護者92人の中で最も多い年齢階層が「80～89歳」で41人（44・6%）、次いで「70～79歳」38人（41・3%）となった。90歳以上も１人、70歳以上の男性介護者が、全体の87%を占めたのである。高齢化が進む京都市内の15か所のデイサービスセン

図２　要介護者等と同居の主な介護者の年齢組み合わせ

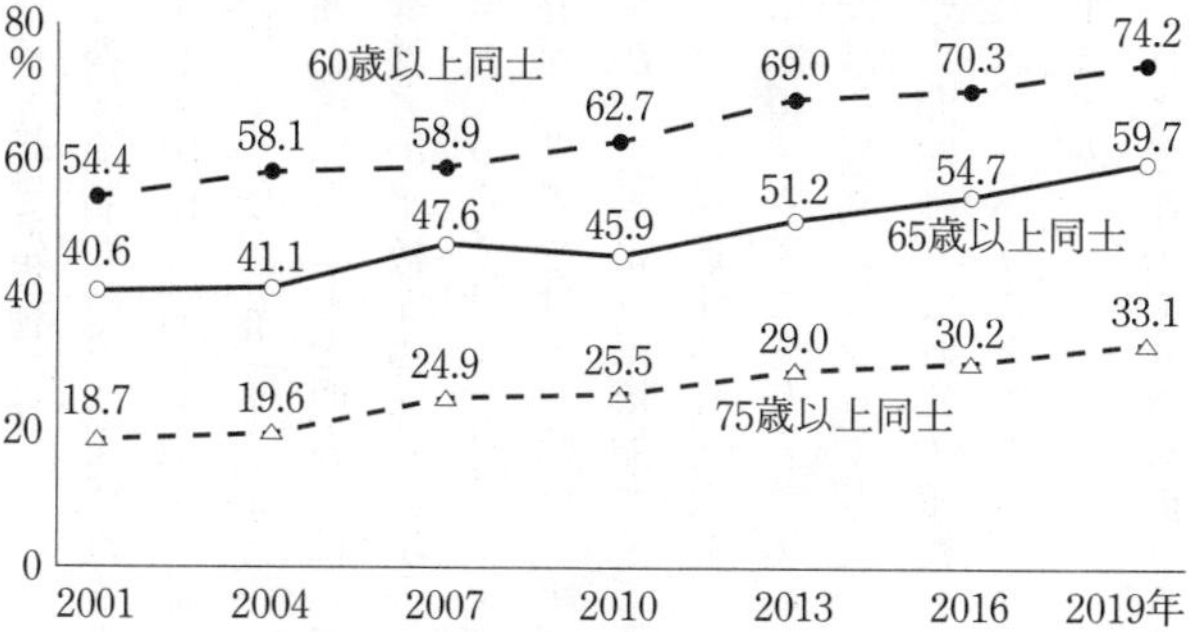

厚生労働省「令和元年国民生活基礎調査」より。
2016年の数値は熊本県を除いたもの。

ターの利用者、という限られた窓口を通して見る男性介護者の実態ではあるが、驚きである。

同様の介護者の高齢化は全国的な傾向であることを、「２０１９年国民生活基礎調査」（２０２０年７月）が示している。この調査によれば老老介護の実際は、２００１年同調査との比較で、介護される人もする人も共に60歳以上同士の介護は54・４％から74・２％に、65歳以上同士は40・６％から59・７％へ、75歳以上同士は18・７％から33・１％へ、と激増している（図２）。また、同調査による介護者の高齢化では、65歳以上の介護者は48・６％と全体の約半数、75歳以上も24・１％と約４人に１人だ。男性介護者においてはこうした傾向はさらに顕著になる。

嫁は「絶滅危惧種」!?

介護保険制度の導入を経たその後の主たる介護者の状況は激変している。厚生労働省「2019年国民生活基礎調査（世帯票）」は、「手助けや見守りを要する者」を介護している「同居の主たる」介護者の中で、男性の介護者は約124万5千人と推計され、全体の32・6％を占めることを明らかにしている。続柄の変容も激しい。1968年の全国調査で主たる介護者の半数を占めた「子どもの配偶者（嫁）」は、妻や娘はおろか夫や息子をも下回る少数派（9・8％）となっている（図1）。

介護の世界ではもう嫁は「絶滅危惧種《きぐしゅ》」のようだ。誤解してほしくないが、嫁介護を推奨してかつてのように機能させようなどということでは決してない。嫁が主たる介護者のポジションから撤退することが社会の進歩であるのは、娘たちの親の立場になってみればすぐにでも納得できることだ。手塩にかけて育てた娘が、ただ結婚したというだけで夫の両親の介護役割を強制されなくてもよくなった。娘たちの親であれば手放しで喜べることではないか。ただ、問題は、これまで娘たちが担ってきた在宅介護の役割を誰がどのように引き受けていくのか、ということである。介護保険制度もその一つの方策であったろうが、これとてまだ道半ばである。

これまで在宅で介護を担う人といえば「若くて、体力もあり、介護も家事も難なくこなして、介護に専念できる立場にあり、さらに介護者役割を内面化している」ものであり、嫁・女性・専業主婦をモデルとしたものであった。しかし、今この社会で在宅介護の役割を担っているのはこれとは正反対の介護者ばかりだ。「想定外」の介護者の出現である。夫や息子という男性の介護者と彼らが抱える課題はこうした「想定外」の介護者の象徴的な存在となった。

「人間裁判」の時代の福祉

第2の「新しい介護実態」とは、介護サービスの政策化・事業化である。前述の日本初の全国調査（1968年）では、特別養護老人ホームは全国に4500床しかなく、介護のすべてが家族・女性の手に委ねられていたことが記録されている。ホームヘルプやデイサービスといった在宅福祉などは全く未開発の時代だった。それゆえ、20万人と推計された寝たきり老人のうち19万2千人が家族だけの介護で暮らしていたことも報告されている。介護はすべて家族課題として成立していた。

この時期の福祉制度は「朝日《あさひ》訴訟」（1957～67年）でもその生存権の在りようが争われていた。岡山県早島町《はやしまちょう》の国立療養所で結核療養を送っていた朝日茂《しげる》が起こした「人間裁判」と呼ばれた訴訟だ。30年以上も音信不通だった宮崎県に住む兄を探し出して扶養義務を押し付け、茂宛に仕送りを迫ったことに端を発したこの訴訟では、憲法第25条の「健康で文化的な最低限度の生活」保障の責任主体とその内実が問われた。茂に許された入院患者月600円という生活保護費の日用品費は、「たとえば、肌着は2年に1着、パンツは1年に1枚、足袋《たび》は1年に1足、チリ紙は1日に1枚半」という生活を想定したものだと記されている（朝日訴訟記念事業実行委員会編『人間裁判——朝日茂の手記』）。

介護に関する事業もまた同様、あるいはそれ以下の扱いだったのかもしれない。1968年当時に4500床という特別養護老人ホームもまた、身寄りのない貧困老人を対象とするごく限られた救貧的でかつ差別的、全く周辺化された施策に過ぎなかった。その後の「福祉元年」（1973年）や「ゴールドプラン」（1989年）、「介護保険制度」（2000年）など福祉や介護の政策化・事業化は、見せしめ的な劣等処遇政策を塗り込めたかつての介護環境を劇的に変えたと言えるだろう。

ユニバーサルになった介護サービス

現行介護サービスのメニューは、居宅サービス、施設サービス、地域密着型サービスなどの事業所類型のもとに幾つものサービスが連なっている。その事業内容を詳細に理解し状況をつぶさに知ることは容易ではないと思うほどに、メニューは豊富かつ複雑になった。今や在宅介護のキーパーソンとなったホームヘルパーは50万人を超え、デイサービス・デイケアは幾つかの事業類型を重ねると全国に10万か所にもなろうとしている。

２０１７年介護サービス施設・事業所調査によれば、入所を伴う施設系も特別養護老人ホーム７８９１か所（54万２４９８床）、介護老人保健施設４３２２か所（37万２６７９床）、介護療養型医療施設１１９６か所（５万３３５２床）などを合わせると、全国に１００万床近くが整備されている。訪問系・通所系・入所系などの介護保険関連事業所の職員数は１８０万人を超えている。各種の高齢者住宅のように介護保険制度などの公的分野からはみ出して、市場化した分野も掌握しがたいほどに増えている。初の介護実態調査が行われた半世紀ほど前の「特別養護老人ホームが全国に４５００床」という実態からすれば、天と地ほどの差がある。

介護サービスを取り込む暮らしが一般化し、実態的な課題はなお多くを残しつつも、少なくともその理念としては「いつでも誰でもどこでも必要な時に」利用できるユニバーサルな制度として社会的合意を得るようになったと言ってもいいだろう。介護サービスを利用することが恥だとされるような時代があったことも、もう過去の話になろうとしている。

「ながら」という介護のカタチ

そして「新しい介護実態」の第3は、「ながら」介護という介護形態だ。この「ながら」介護という新しい介護スタイルを口にし始めた頃、私たち「男性介護者と支援者の全国ネットワーク(以下、男性介護ネット)」の応援団・樋口恵子さんも、その人の人生の志をすべて介護に捧《ささ》げなくてもすむようなシステムを今からつくっておこう、と「ながら」介護のすすめを提起していることを知った(樋口『大介護時代を生きる』)。近著でも「仕事をし〈ながら〉、家事や生活を楽しみ〈ながら〉、人々とつきあい〈ながら〉、介護に取り組んでいく、そんなあり方を目指しましょう」と「〈ながら〉介護のための一〇原則」ということを提起している(樋口『その介護離職、おまちなさい』)。

介護する人生だけでなく、周りの助けを借りながら、あなた自身の人生も有意義に生きよう、ということだ。私も樋口さんのこの「ながら」介護の趣旨を本書でも援用しようと思う。長寿社会に生き、認知症とともに生きる時代にふさわしい新たな介護の形態の旗印として、この「ながら」介護というフレーズを使おうと思う。

いざ介護の必要な家族が生まれたら、誰が主たる介護者になるのか、という家族間での介護を引き受けるための交渉を経て、介護専念者として押し出されてきた家族の存在こそがこれまでの在宅介護を可能にし、既存の介護システムの要《かなめ》として機能してきた。家族介護は日本社会の美風であり、かつ含み資産だと言われてきたのも、この介護に専念し得る家族介護者があればこそであった。３世代・４世代同居ないし近居という大家族から核家族化・単身家族化への劇的な移行、そして女性の就労や社会参加の著しい進展は、介護に専念し得る家族の選択性を失《な》くした。いま増えている介護する家族の実態の多くは、次に示すような「ながら」の介護である。①別居、遠距離で通い「ながら」介護する、②子育てし「ながら」介護する、③就学・就活・婚活し「ながら」介護する、④通院・通所し「ながら」介護する、そして⑤本稿の主題となっている働き「ながら」、配偶者や親を介護するワーキングケアラーたちである。介護の事業化の進展と共に介護スタイルの典型となっているのが、この「ながら」介護という介護のカタチだと言えよう。

私は、当初この「ながら」介護というこれまでにはなかったような介護のカタチを、介護に専念できずに次元の違うさまざまな生活課題を並行して担いながらの介護という、いわば「介護の困難性」の極みとして、講演会など幾つかの場面で使っていた。支援策の拡充を求める根拠にしていたのだが、前述の「〈ながら〉介護のための一〇原則」や、介護と仕事の両立をこなしている介護者の話に耳を傾けているうちにそのような考えは一面的ではないか、ということにも気がついた。「ながら」介護が有している時代の先取性という側面にも思い至るようになったのだ。もちろん、現状では、働きながら、子育てしながら、通いながら、というあれもこれもとつらくて大変な介護であることには違いないが、別の視点で見れば違う世界も見えてくる。

「ながら」介護とは、24時間介護漬けにならなくてもいい介護、介護の手抜きと言われる後ろめたさとは無縁の、介護から正当に解放される根拠として、社会に認知された介護のカタチだ。というのも少子高齢化、男女共同参画社会にふさわしい介護ではないか、と思うからだ。ただし、現状の働き方や介護サービスの在り方を前提とはしていないということだけは、断っておく。

「ビジネス・モデル」の介護

これまでの介護する男性たちが抱える課題に関わっての研究や実践の蓄積は、男性の介護スタイルをおおよそ次のように捉えてきた。家族の大黒柱という規範や自負が自縄自縛となって、過剰な家族責任を呼び込み、その責任主体となる自己を内面化する。そして弱音を吐かず（吐けず）、誰にも頼らず（頼れず）、すべてを一人で抱え込み、葛藤を深める、という介護実態だ。介護における「家族主義」と「男らしさ」を鎧兜《よろいかぶと》のようにまとった介護スタイルと言ってもいい。私たちもまた、目標を設定し成果を追い求めるような介護を「ビジネス・モデル」という男性特有の介護実態として分析対象にしてきた。

主たる介護者としての生活への動機も契機も一様ではない男性介護者だが、しかしいざ介護が始まれば誰もがその生活は一変する。戸惑うのは排泄や入浴、清拭《せいしき》（体を拭《ふ》いて清潔にすること）、食事援助、移動介助などといった介護だけでない。これまでの暮らし方や働き方のあらゆる矛盾や偏向が、介護と共に一斉に噴出してくる。介護にはもちろんだが、慣れない家事にも戸惑う生活が日常となる。被介護者に認知症が始まれば、予期せぬ外出行動や異食（食べ物以外を口に入れること）、暴力などの周辺症状への対応も始まり、通院介助や服薬管理もある。親族や近隣との付き合いもあれば、ケアマネジャーやホームヘルパーなど介護事業者との交渉、役所への種々の申請業務など、こなさなければならない課題が次から次へと発生する。収入は減り出費はかさむという経済的問題に苦しみ、仕事と介護の両立はいよいよ困難となって離職が現実性を帯びてくる。離職すれば、多くの男性にとっては唯一とも言える職場という社会との接点が断たれ、孤立が忍び寄る。そして24時間介護漬けの社会との接点を欠いた孤立した生活にもがくという大きな課題が立ちはだかってくるのだ。

こうした「ビジネス・モデル」の介護に傾斜しがちな男性介護者を上野千鶴子《うえのちづこ》は次のように批判する。「妻の介護に達成目標や課題を掲げ、ネットワークを活用して社会的資源を動員し、『思いどおりの介護』を妻に強いる例もあることが知られている。一見、愛情からに見えるが、実は自己満足」（上野「女はあなたを看取らない」）。介護の放棄だけでなく過剰な介護もまた当事者にとっては不適切な介護になる、というのである。

私たちはここ数年来、妻を介護する夫や、親を介護する息子という男性の介護実態や介護意識に関する調査研究や支援交流活動を続けてきたが、そこでは男性ならではの介護の悩みやつらさにも数多く出会ってきた。上野が指摘するような男性介護者が抱えるその困難性、さらにはその病理性は、介護者個別のキャラクターや女性介護者との比較によって論及される課題という以上に、夫や息子たちに頑強に制度化されたライフコースと「介護者を生きる」という生活との軋轢《あつれき》によってもたらされるものとして把握されなければならない。

いま主要な政策テーマとなっている仕事と介護の両立の困難性は、表層では男性介護者にフォーカスした課題に映るが、対応するその政策射程は働きながら介護を担う人すべてに拡張されるべき課題として集約される、というようなことだ。男性ならではの介護の悩みやつらさとは何か、というまさにこの特殊な問いかけへの対応は、その意味で介護する生活ということとの普遍性に通じる道であると言えよう。

団塊家族の夫婦や親子の介護に特徴づけられる介護する人もされる人もともに高齢化、それも多くが二人暮らしという小さな家族による介護生活は、さらに困難な介護実態を作り出している。たとえば「家事の困難」。私たちの行った調査（津止・斎藤『男性介護者白書』所収）に、今まで「コーヒー一杯入れたことがなかったのに家事をするようになった」という

70歳代の男性の戸惑いの声があった。今まで家事を一切しなかったのが、炊事・掃除・洗濯・買い物、そして郵便局・役所などの種々の用事をしなければならなくなった、というのだ。介護行為以上に家事の困難さを訴える人が多いというのも男性介護者の特徴の一つとして語られてきた。

なぜ入浴・排泄・食事や歩行・移動の介助というプロの介護と思われるような行為よりも、家事がより困難事項となって表出するのか。実はここにも、介護保険が作り上げてきた新しい介護実態がある。介護行為の幾つかは介護士などの援助職の支援を得ながら暮らすことが可能になり、主たる介護者一人で何もかもすべて賄わなくてもよくなってきた。介護保険が切り拓いた新しい在宅介護のシステムだ。デイサービスなどの事業者の支援でなされる入浴や食事、清拭がそうだ。排泄にしても、ヘルパーの援助を受けてなんとかこなすことが可能になってきた。介護を外部化することによって家族の手を離れ、大きく外に開かれていくというシステムである。しかし、家事はそうではない。ほとんどすべてを主たる介護者一人の責任としてこなさなければならない生活行為なのである。

「介護殺人」と男性介護者

「介護だけではない。生活のすべてがつらい」という介護者の実態は、介護心中や未遂など不幸な介護事件の温床となっている。介護に起因する「不安」の最たる課題だ。

家族など親族による高齢者介護をめぐって発生した事件で死亡にまで至った事件――これを「介護殺人」として初めて定義したのは加藤悦子著『介護殺人』（2005年）だが、このことを世間に広く知らしめたのは、2006年2月1日早朝に京都市伏見《ふしみ》区の桂《かつら》川《がわ》河川敷で起きた事件だった。加害者が、息子という男性の介護者であったがゆえに、私には忘れることのできないつらい事件である。ちょうどその頃、私たちは日本生活協同組合連合会医療部会（現・日本医療福祉生活協同組合連合会）との共同で、同連合会傘下《さんか》の福祉事業を利用している男性介護者へのアンケート調査の準備作業の最中だった。翌年刊行された『男性介護者白書』にその調査結果の一部が収録されたものだったが、男性介護者の介護実態と事件との間にどのような相関性があるというのか。私たちの調査研究への現実からの厳しい問いかけのようにも感じた。

この日、86歳の認知症の母親を同居していた54歳の息子Kが殺《あや》めるという事件が起きた。Kは両親と3人暮らしだったが、父が1995年に他界した。その頃から母の認知の症状が出始めて、仕事をしながらの介護生活が始まった。10年後の2005年頃から母の症状が重篤化し、昼夜が逆転し一人での外出、いわゆる徘徊も始まって、警察に保護されることもあった。休職しながら介護を続けてきたものの、両立が困難となって同年の9月に離職。収入がなくなり経済的に困窮し、福祉事務所に生活保護の申請を行ったが、失業給付金などを理由に認められなかった。介護と両立できる仕事は見つからずに12月には失業保険の給付金も終了してしまった。アパートの家賃や母親のデイサービスの利用料も払えなくなり、心中を決意したという。1月31日にアパートを引き払い、「最後の親孝行」のつもりで、幼い頃両親と一緒に行った思い出の京都の繁華街を、母を車椅子《くるまいす》に乗せて観光した。そして2月1日の早朝、桂川河川敷で犯行に及んだ。

「もう生きられへん。ここで終わりやで」「そうか、あかんか」「すまんな」という会話が交わされた後、母親の首を絞めて殺害。自分も包丁で首を切り自殺を図ったものの、死に切れなかった。この事件の裁判場面では、「地裁が泣いた」（毎日新聞2006年4月20日大阪版朝刊）と報じられたように、本当に京都地裁が涙で埋め尽くされた。加害者本人はもちろんだが、弁護士はハンカチを手に涙ながらに情状酌量《しゃくりょう》を求め、罪を咎《とが》める立場の検事も母親の分まで生きろと諭した。私たちの座る傍聴席では、あちらこちらからすすり泣く声が漏れた。

10年余り一人で介護に明け暮れ、職も失い生活保護の窓口では門前払いされ、追いつめられての犯行だった。7月に行われた結審の裁判は抽選に漏れて傍聴できなかったが、判決は懲役《ちょうえき》2年6か月、3年の執行猶予がついた。裁判長は、介護をめぐる心中事件が全国で相次いでいることに触れ、「被告が裁かれているだけではなく、日本の介護制度、生活保護制度のあり方が問われていたとも言える」と異例の言葉を述べた、と報道された（京都新聞２００６年７月21日朝刊）。

今もなお同様の不幸な事件は減るどころか全国各地で起きている。新聞で報じられた事件を分析した湯原（加藤）悦子の調査によると、１９９８年から２０１５年の間で７１６件の死亡事例の中で７２４人の犠牲者が出ており、夫が妻を殺害する事件が33・５％、息子が親を殺害する事件が32・８％で、男性加害者が72・３％と多数を占める（湯原「介護殺人事件から見出せる介護者支援の必要性」）。が、日常的な虐待行為の末の殺害行為ということではなく、むしろ逆だ。湯原は、精神科医の松本一生《まつもといっしょう》の「むしろ悪意などなく熱心に介護しようとしていた介護者が、知らず知らずのうちに追い詰められた結果として起きる事故のほうが、明らかに本人に重大な、たとえば命を落とすような事故が起きやすくなる」（松本『認知症家族のこころに寄り添うケア』）という臨床経験を傍証にしながら、「介護殺人の場合、事件が起きるまで献身的に介護を続けていた加害者が少なくない。加えて毎年、全国各地で似たような事件が生じ続けている現状からは、加害者の素質的、人格的負因のみならず、個人の努力では克服が困難な社会的負因が背景にあることが推測される」（湯原「介護殺人事件の裁判における社会福祉専門職の関与に関する研究」）と指摘している。

なぜ殺人に至ったのか、それを予防する支援の手立てはなかったのか、そのために必要な社会的条件とはどのようなことか。このような問いに答えるためにも、介護者が殺人に至るまでの丁寧なプロセス検証こそが求められているのだろう。その作業の先に、家族の中に介護を要因とする加害者も被害者も誰一人生まない社会のデザインはあるのだろう。京都での事件当事者のKさんは、事件から8年後の2014年8月、琵琶湖《びわこ》に身を投げ自ら命を絶った。その詳細はNHKクローズアップ現代「そして男性は湖に身を投げた～介護殺人　悲劇の果てに～」（2016年4月28日）にて報道されている。

不幸な事件を防ぐバリケード

不幸な介護事件の頻発に対応する、社会的なバリケード（防御策）をどのように構築していったらいいのだろうか。その政策的課題は介護以外にも多岐にわたるのであろうが、ここでは少し介護保険に焦点化して考えてみたい。

現行の介護保険制度では、同居して介護する家族への支援はもちろん視野の外だが、同居家族がいる場合は要介護者への家事などの生活援助も原則利用できないという何とも不可解な原則がある。2006年施行の制度改定でさらにこの原則の厳格な適用が始まり、全国で生活援助の支援剝《は》がしのような状況が広がった。この法改定の圧力によって、保険者（自治体）ごとの法制度運用の際立った違いが生じ、介護保険制度のローカル・ルールとして批判が高まり、是正を求める運動が全国に広がった。こうした事態に厚生労働省はこの利用制限という原則を機械的に適用することのないようにという旨の通達を再三にわたって各保険者（自治体）宛に発してきたが、この原則を撤廃したわけではない。この間の制度改定に向けた政府による議論の動向などを見ると、同居家族の利用制限どころか、本人利用を含む家事援助サービスそのものが介護保険制度の枠外として削除されていく議論も具体的に始まっており、不安がますます強まっている。

同居家族がいれば、炊事・掃除・洗濯・買い物等々の生活援助サービスの利用が制限されるのはなぜか。これには以下の2つの意味が込められていると、私は考えている。一つは、介護保険がスタートしたときに、すでにこの社会が卒業したと思っていた家族責任主義という規範が根深く制度に残っていたということ、もう一つは、制度が前提としている同居家族モデルに起因するということだ。同居している主たる介護者役割を担う家族というのは、若くて体力があって、家事も介護も難なくできて、介護に専念できる時間もある家族。だから、家事援助など「軽易」なサービスは不要じゃないか、という発想なのだろう。だが、そういう介護者モデルはもう過去のものである。こうしてみると皮肉なことだが、在宅の介護環境が整えば整うほど、在宅の介護環境の限界が明らかになり新たな介護課題が浮上している。発生する在宅介護の諸課題を受け止めて乗り越えていくための新しい介護ステージを準備しなければいけないという政策ニーズが、確実にそして大量に発生しているのだ。

ここ数年の介護保険からの軽度者外し、生活援助外しという政策的傾向は、こうした男性の介護実態から見れば全く受け入れがたいことは言うまでもないであろう。家事に不慣れな人はもちろんだが、そうでない人もまた加齢や自身の環境変化によって困難をきたすことになるのは容易に予測できよう。生活援助は在宅介護の前提であるということからすれば、在宅の介護生活を支える包括的な社会資源の拡充は、もう「待ったなし」だ。

「なぜ、介護者虐待防止法はないのか!?」

こうして、介護する人が支援対象として浮上してくる。在宅介護を支える社会資源としていま最も切望されるのは、介護者を支援する根拠となる法制度の整備だ。

毎年のことだが、11月11日の「介護の日」にちなんで、各地で介護をテーマにさまざまなイベントが開催される。私にもお声がかかって足を運ぶことも多い。そして、この種のイベントに伺うたびに忘れられないエピソードがある。京都市で開催された高齢者の虐待防止に関する講演会後の質疑でのことだ。質問者は、その当時、認知症になった父を介護していた田村権一さん（当時58歳）。内容は次のようなことだった。

母が亡くなった後、ヘルパーのサポートを受け一人で暮らしていた父だが、半年後に入院。

2か月の入院生活でもう寝たきり状態になり、やせ細り、立つこともままならない状態で、認知症状も出ていた。病院からは退院通知があったが一人で暮らすことは到底考えられなかった。夫婦で相談し、職場の介護休業制度（1年間）を利用しての介護帰省という選択をした。妻は専業主婦、二人には子どももいなかったので夫婦一緒に故郷の京都に帰ってきた。当初は、休業中に特養を探して復職も考えてのものだったが、すぐには施設も見つからなかった。また、何十年ぶりに父と寝食を共にしながら忘れかけていた親子関係に気持ちも癒されてきた。自分の介護が父の回復になにがしか貢献するのではないか、というかすかな期待のような感情も芽生えてきた。

しかし、状況は好転することなく葛藤は深まるばかりで、休業期間が終わった1年後に離職を余儀なくされた。離職時、田村さんは56歳だった。いま収入は閉ざされ、貯金と父の年金が頼りの暮らし、とひととおり自身の置かれた状況を話した後で、彼は言った。「高齢者虐待防止法は分かった。ならば、なぜ介護者虐待防止法はないのだ。自分たち夫婦は父の介護のために収入源を絶たれ、24時間365日介護拘束を受けているような生活だ。これは介護する者への虐待そのものではないのか」。田村さんの訴えはこのようなものだった。

私は当時、介護保険制度の欠陥の一つに家族介護者を支援することへの無関心があると考え、その必要と制度化を主張してはいた。だが、それは彼の言う「介護者虐待防止法」のような根拠法の制定にまで思い及んではいなかった。ただし、介護者支援の根拠は、ピンポイントではないにしてもその法的根拠を示すことはできるのではないか、とも思っていた。というのも、彼の指摘した高齢者虐待防止法の正式名称は「高齢者虐待の防止、高齢者の養護者に対する支援等に関する法律」というように、養護者すなわち家族介護者への支援も包含したものではないのか、ただ、その支援メニューが相談やカウンセリングなど極めて貧弱なゆえに法的効力を発揮し得ていないのではないか、と考えていたからだ。

そのようなことを彼の質問に対してコメントしたのだが、「高齢者の虐待防止」という法の主題からすればこの解釈には少し不安があった。その不安は残念ながら的中し、私のコメントは全くの間違いだったことがわかった。後日に、ある会議で同席した法律家に教えを請うたのだが、この法で言う「養護者」とは、高齢者虐待に至った、あるいは虐待を疑われる養護者に限定される、ということだった。

つまり、日本では家族介護者に対する社会的支援に関して言えば、虐待加害者にならない限り支援の法的根拠を持たないのである。虐待加害者となってはいない圧倒的多数の介護者は、法と政策の前ではただ介護に従事する人的資源としてのみ位置づけられているのだ。そして、本来インフォーマルな介護の人的資源であるべき家族介護者は、この法の下ではあたかもフォーマルな介護資源のようなポジションに立たされているのである。だからこそ、介護保険法にも高齢者虐待防止法と何ら矛盾することなく整合性をもって見事に埋め込まれているものがある。前項で指摘してきたような、同居家族がいれば炊事・掃除・洗濯・買い物等々の生活援助サービスを利用することはできないという、原則がそうである。

同居家族がいれば、なぜ一緒に暮らす要介護高齢者に対する家事などの生活支援すら排除されることが法的に許容されるのだろうか。同義反復のようだが、現行の介護政策では家族は有力な介護資源と公認されているからこそ、同居家族と暮らす介護が必要な高齢者への生活援助サービスが原則として排除され、その同居家族への支援など法の視野の外に置かれるのだ。

介護の「つらさ」と「肯定感」

これまで、本章で俯瞰してきた在宅での家族介護の実態の劇的な変容は、家族を介護資源とみなしてきたこれまでの介護政策の限界と反省を呼び込んでいる。

言うまでもなく、介護することは「つらい」。「認知症の人と家族の会による家族支援に関する調査」(2012年)では、回答した会員557人の自由回答の詳細な記述をもとにして、介護する家族が「つらい、苦しい、悲しい」と感じることを「本人の病状や症状から感じるつらさ、悲しさなど」「介護をすること自体から生じるつらさ」「介護者個々の条件により感じ方が異なるつらさ」「環境によって生じるつらさ」であるとして、介護される認知症の人の症状からくるものと、介護する家族本人の事情に起因するもの、さらには本人と家族を取り巻く社会環境に起因するもの、という負担の内容を明らかにしている（『認知症の介護家族が求める家族支援のあり方研究事業報告書』）。つまり、介護する人とされる人の支援課題は、関連はするが相対的には区別されるべきものだということだ。

また、注目したいのはこの「つらさ」とは正反対とも思える支援ニーズもあるということだ。前述した認知症の人と家族の会の調査では、介護することの「つらさ」と同時に、介護によって得られる喜びや希望などその充足感についても指摘している。私は、こうした「介護はつらくて大変、だがそればかりでもない」という介護する家族に生成する複雑な感情を「介護感情の両価性」として捉え、これに依拠しながら「介護のある暮らしを社会の標準にしよう」と肯定的に主張してきた（津止『ケアメンを生きる』）。

「介護する人とされる人」「つらさと肯定感」という在宅における介護をめぐっての対《つい》の関係性から生じる支援ニーズを根拠にして、家族介護者の支援方策を検討していくことが重要であろう。

認知症の原因疾患や症状を正しく理解して「介護すること」が、家族介護者の不安を除去し混乱を抑えて介護生活の安定につながり、その結果、認知症の人の症状緩和にも役立つことは、医療・介護の専門家のみならず家族介護者の多くが指摘している通りである。認知症の人と家族の支援活動に取り組んでいる医師・杉山孝博《すぎやまたかひろ》は家族介護者が認知症の症状とその対処法について正しく理解することがなぜ必要かについて次のように記している。

〈親思い・配偶者思いの介護者が一生懸命に介護しても、正しい知識を持たなければ、おそらく混乱に陥り、心身ともに消耗してしまうと思います。介護を受けている人の気持ちや状態がわかるようになり、上手に対応できるようになると、介護者の苦労が軽くなり、介護を受けている人の状態も必ずよくなるものです。〉（杉山『最初に知っておきたい認知症』）

ここでは、介護の負担軽減と同時に「介護するつらさ」の中に潜む「介護する肯定感」の起動にも影響するということが臨床医ならではの豊富な具体的事例をもって紹介されている。「介護することを支援する」ということでは、介護保険等々で提供される本人支援のための介護サービスの量と質の拡充が介護者支援でもあることは言うまでもない。しかし論理的に言えばこれらの介護サービスは認知症の人本人の自立と尊厳のための支援であり、家族支援が第一義的にあるわけではない。前項で詳述してきた同居家族がいれば生活援助サービスの利用を制限するという原則などはその最たる証である。

〈老夫婦の一方が食事を作ってもらっても、もう1人はわざわざ、自分で作らなければならないとは、しゃくし定規に過ぎる。2人分を作ってもらえれば、常時介護するもう1人の労力はそれだけ助かる。洗濯、掃除も同様である。

健康な大人が同居している場合も、介護が受けにくいと聞く。生活を支える若い人が、仕事を捨てて、介護に回れば共倒れになるのは必至だ。〉

この声は、同居家族世帯の生活援助サービスの利用制限が厳格化された改定介護保険法施行（2006年4月）後に毎日新聞（2007年10月21日朝刊）に掲載された主婦（81歳）の声である。老老介護や単身や二人暮らしという小さい家族介護、さらに通い介護や働きながらの介護が一般化する今日の介護実態に有効な介護制度を構想しようとすれば、「介護する家族の事情を勘案すること」はもちろんであるが、さらに言えば「介護する家族も支援の対象に」という要求はもはや避けて通ることができない政策課題になっていると言えよう。

「介護者本人の人生の支援」

次に、「介護すること」という課題とは関連しつつも区別されるべき介護者自身が抱える課題を主たるターゲットとした支援を考えてみよう。

介護殺人などの司法事例の検討分析を基にして介護者支援の必要性を提起している湯原悦子は、家族介護者を対象としたアセスメント（事前評価）とそれに基づくケアプランの作成を重要な支援ツールとして強調している。「専門職により、常に介護者の心身の健康、代替介護者の有無、介護者自身の生活への影響、将来への悲観などが把握され、もし、無理がある場合は適切なサービスの導入を図るなど、ケアプランの見直しがなされなければならない」（湯原「介護殺人事件から見出せる介護者支援の必要性」）。

1995年に始まったイギリスの介護者支援法の実際を見てきた斎藤真緒も、これら「あらゆる支援の起点に、介護者ニーズ・アセスメントがある」と述べている（斎藤「家族介護とジェンダー平等をめぐる今日的課題――男性介護者が問いかけるもの」）。斎藤や湯原が強調するように、家族介護者の実態とそのニーズの詳細な把握こそが具体的な支援の出発点となる、ということは改めて確認されてもいい。

日本での介護者支援の法的根拠の実現を求めている日本ケアラー連盟の「介護者（ケアラー）支援の推進に関する法案（仮称）」（略称「ケアラー支援推進法案」）の取り組みがある。そこでは、介護保険などの介護が必要な人本人の自立と尊厳の支援に立脚した家族介護者支援を、総合的計画的に推進していくための法整備を求めている。この法案は、日本ケアラー連盟という市民団体発の骨子であるが、今この社会で不可視化されてきた家族介護者支援という政策課題を「法案」という形式に編み込んだ点で特段に記録されるべき社会運動と言えよう。また、直近の動向では、同連盟が主導した自治体での家族介護者支援の「条例づくり」という、注目すべき取り組みも始まっている。国家レベルでの家族介護者支援の根拠法の法制化とともに、自治体レベルでの草の根からの根拠法の制定をめざす運動ということだが、幾つかの自治体での具体的な条例制定や条例化の取り組みもその一端である。

2020年3月に全会一致で採択された議員立法「埼玉県ケアラー支援条例」は、家族介護者支援を謳《うた》う日本で初めてのものとして注目を集めている。条例の第1条では「ケアラーが健康で文化的な生活を営むことができる社会を実現すること」をその目的とし、第3条では「ケアラーの支援は、全てのケアラーが個人として尊重され、健康で文化的な生活を営むことができるように行われなければならない」「ケアラーの支援は、県、県民、市町村、事業者、関係機関、民間支援団体等の多様な主体が相互に連携を図りながら、ケアラーが孤立することのないよう社会全体で支えるように行われなければならない」とその理念を掲げている。埼玉に影響されて、他の自治体にも同様の動きがあると報道されているように、広がりのある取り組みである。

こうした新しい介護者支援の制度化の動向にも関連するが、厚生労働省も市町村や地域包括支援センターに向けて『家族介護支援マニュアル』(2018年3月)を作成・発行している。このマニュアルの副題には「介護者本人の人生の支援」を謳い、アセスメントシートの開発や相談窓口のあり方、関係する多機関・多職種ネットワークなど種々の課題を各地の事例を基に提起している。このマニュアルが実践場面で広く活用され、より内容の豊富化につながってほしいと願っている。ただ、家族介護者支援の具体的展開においては、カウンセリングとは違って支援機関や支援者が問題解決に向けて投入し得る制度サービスなどの社会資源の在りようは決定的である。介護者の抱える課題に向き合う実効性のある支援資源の創出に踏み出すのかどうか、がこれからの政策ステージにおける課題であり、注視していきたい。いずれにせよ、「家族介護者を支援する」というテーマが、新しい介護ステージを要請していることは間違いない。介護者も介護提供者としてだけではなく、それ自身が固有の介護問題の担い手として支援されるべきという課題への取り組みこそ、介護に耐性力のある社会の創出に必要不可欠の条件のように思う。そのための社会的合意の水準を引き上げていくということである。私たちの課題である。

第4章　団塊ジュニアの「不安」
――仕事と介護のストレス

「親」のことが心配

政府の報告書によると、日本の高齢者数（65歳以上）は3617万人（2020年9月15日現在）。これは総人口の28・7％にあたり、前年の3587万人、28・4％からさらに増加し、数・総人口比ともに過去最高の値を示している。100歳以上の高齢者は8万人を超え、2050年には50万人を超えると推計されている。本当に長生きできる時代になったと思う。親や自分のことを考えると、とても嬉しい半面、不安も頭をよぎる。認知症問題だ。厚労省の研究班の調査によれば、加齢とともに認知症の発症率は高まり、85歳以上の人では実に半数以上（男性47・1％、女性58・9％）が認知症患者という（「日本における認知症の高齢者人

誰かに迷惑をかけてしまうのではないか	介護費用の負担がかかるのではないか	家などを含む親の資産管理が大変なのではないか	その他	答えたくない・わからない
59.9%	44.7%	19.1%	1.0%	9.7%
52.8%	50.4%	15.2%	2.0%	8.8%
62.3%	43.0%	20.6%	0.7%	9.8%
50.0%	0.0%	0.0%	0.0%	50.0%

口の将来推計に関する研究」)。認知症でない人のほうが少ないのだ。

そういう私も立派な高齢者の仲間だ。不安の兆候とは無縁ではない。目がかすみ、聞こえも悪くなった。朝出かけるときには妻からの財布・携帯・時計・免許証など忘れ物チェックが日課となって、ゼミが終わって帰宅する際には大学院生からも同じように注意される。そのうち、こんなことがあったことすらも忘れてしまう日が来るに違いない。私が介護される立場になるのかもしれない、と思うときも、その逆のときも多々ある。

ただ、「老老介護」に関する不安は、いま直面している団塊世代の問題というだけでなく、そのジュニアたちにものしかかっている大変重い課題だ。朝日生命保険相互会社が行った「『親』に関して心配に思うこと」(2019年)という調査結果が如実にそのことを示している。この調査は、同社が団塊ジュニアを含む40〜50代が「親

表４　親が認知症になったら心配なこと

	自分に介護の肉体的・精神的負担がかかるのではないか	交通事故や火事などを起こしてしまうのではないか	徘徊してしまうのではないか
全体（987名）	53.6%	45.1%	44.6%
親と同居（250名）	66.0%	38.8%	46.0%
親と別居（733名）	49.6%	47.5%	44.3%
その他（４名）	0.0%	0.0%	0.0%

朝日生命インターネットアンケート調査「『親』に関して心配に思うこと」（2019年）より。

に関して心配に思うこと」について行ったインターネットでのアンケート調査である。調査時期は２０１９年７月10日から16日までの７日間、男女１１０８人（男性５５５人、女性５５３人）から回答を得ているが、その概要は次のようなものだ。「健康状態」（65・０％）や「認知症にならないか」（49・２％）など、親の介護に関する心配事が１位と２位を占めた。そして、もし親が認知症になったら心配だと思うことを聞いた問いには、表４を参照してほしいが、「自分に介護の肉体的・精神的負担がかかるのではないか」ということが、同居している団塊ジュニアたちの一番の不安に上がった（66・０％）。別居世帯では、「誰かに迷惑をかけてしまうのではないか」が最も多かった（62・３％）。「仕事と介護の両立」というテーマに接続される不安の中身であろう。

現行の働き方で対処することは可能だろうか。介護保険制度は本当に役に立つのだろうか。お金の心配はどうなのだろう。尽きない不安だが、やがて来る「その時」に備えておくべきことは何か。一緒に考えてみたい。

「退職してよかった！」の真意

男性介護者を改めて焦点化すれば、介護は女性に割り振られるものという考えや介護に専念することができる家族がいるなどといった、これまでの介護の常識がもはや常識ではなくなってくる。そう訴えながら介護する男性の声を拾ってきたが、「仕事と介護」の課題はその最たるものだった。これまでも、このテーマに関わる実態がなかったわけではない。介護を担いながら仕事を続けてきた女性の多くは、介護が逼迫《ひっぱく》し仕事に困難をきたし両立が難しくなれば、職を辞して介護に専念してきた。たぶんこれが仕事と介護をめぐっての実態のほとんどに違いなかった。職場も上司も、彼女らのその判断を当然のように承知して送り出していったはずである。ただ、正規社員が多くを占め、マネジメントを担う層も少なくない40代、50代の男性社員たちには、このように離職を是認し肯定するようなこれまで女性に向けられてきた規範はどのように作用したのだろうか。

こうした問題意識から、介護離職経験者をパネリストとして、介護離職しなくてもいい知恵を出し合おうではないか、そして離職防止のためのメッセージを発信しようではないか、との狙いで男性介護ネットが主催して「介護退職ゼロ作戦！　フォーラム'16」（2016年3月）を開催したのだが、ずいぶんと変わったフォーラムとなった。

「介護退職してよかった！」。介護退職経験者のパネラーたちが異口同音に、このように話し始めたのだ。主催者はもちろん、フロアの参加者もみな面食らった。介護退職のない社会を主張したいのに「よかった！」とは、いったいどうしたことだ。「介護退職賛美のイベントではないぞ」と進行役を引き受けていた私は、少し動揺した。介護の最中はまだ50代前後の働き盛りの社員だ。このままでは共倒れだ、職場や同僚に迷惑がかかる、もっと妻や親に関わりたい、でもやはり家計は苦しい、孤立感にも襲われる。彼らが吐露する胸中を覗いていくと、その発言に納得がいった。

働きながら介護を続けるという日常は、心身ともに過酷でずいぶんと複雑なのだ。彼らが伝えようとした真意は、現状の働き方や介護サービスを前提にしたら身も心も壊れてしまう、まずは過酷で複雑な日常から脱してほっとしたということだったのだろう。ただその裏では、もっと柔軟な働き方で、もっと実情に見合った介護サービスの開発によって、介護で退職しなくてもいい社会を、よしんば退職しても貧乏にならず、孤立しないでもすむ社会を、と言いたかったに違いない。私はそう胸に刻んでいる。

成長戦略に「介護離職ゼロ」

政府による「介護離職ゼロ」が打ち出されたのが2015年9月。その政策成果の具体は5年を経過してもなお不鮮明のままだが、二次的効果は確かにあった。この政策提起以降、雪崩《なだれ》を打ったように経済・労働分野で介護問題の議論があふれ出し、介護・福祉分野でのこの種の議論を圧倒した。介護問題が一挙に経済問題と化した瞬間だった。

この前後に経済専門誌での大々的な介護特集が組まれ世論を誘導していたが、その背景には介護問題の深刻化とその問題解決に向かう家族など当事者・関係者の地道な介護・介護者運動があった。「介護離職ゼロ」の政策提起はある意味、当然の社会現象であった。この「介護離職ゼロ」政策が打ち出された2015年9月前後の経済専門誌の主だった介護特集を追ってみよう。「介護離職」(『週刊エコノミスト』2013年12月3日号)、「親と子の介護」(『週刊ダイヤモンド』2013年12月14日号)、「隠れ介護1300万人の激震」(『日経ビジネス』2014年9月22日号)、「介護離職」(『週刊東洋経済』2015年11月21日号)。特に目を引いたのは、『日経ビジネス』の特集だ。表紙の「隠れ介護1300万人の激震」に続くサブタイトルは「エース社員が突然いなくなる」だった。経営陣への警鐘ともなるようなこの特集は、まさに激震が走るようだ。介護問題が経済各誌の表紙を飾るという事態は今もまだ続いている。

少し企業現場での介護問題の現実を紹介しようと思う。私も執筆陣の一人に加えていただいた『これから始める仕事と介護の両立支援』（労務行政）の事例集に掲載された大手商社の丸紅での実態である。

丸紅では、全総合職の約4分の1にあたる800人以上が海外駐在員として世界各地に転勤しているというが、そんななか、介護を理由に海外の主要人事に影響が出る事案が発生した。重要ポストを任せたい人材が介護のために異動できない、このケースに危機感を持った同社は社員の介護実態調査に取り組んだのだが、その調査結果は驚きだった。この調査は、2011年に同社40〜50代の社員（約2200人）を対象に実施され、うち4割（約900人）から回答を得ている大規模調査である。調査結果を見ると、「現在介護中」の社員は11％に達し、そのうち77％が「主たる介護者」であった。

このレポートには性別の記述はないが、基幹的な男性社員も当然含まれているはずである。さらに驚くべきことは、今後5年以内に「介護する可能性がある」という社員は、「可能性はかなり高い」（29％）、「多少の可能性はある」（55％）と合わせると84％にも上っている。介護の可能性があると答えた社員の96％が介護に対する不安を感じていること、その具体的内容では、「介護がいつまで続くか分からず将来の見通しを立てにくいこと」が最も多く56％に上り、次いで「適切な介護サービスが受けられるかどうか分からないこと」（50％）、

「公的介護保険制度の仕組みが分からないこと」(45%)、「仕事を辞めずに介護と仕事を両立するための仕組みが分からないこと」(31%)、「介護休業など職場で取得して仕事をしている人がいないこと」(24%)となっていた。「特に不安はない」という人はわずか4%でしかなかった。2010年から14年までの5年間で、介護休業取得者はわずか3人という同社社員の社内データからは全く見えてこなかった事実に違いない。大量の介護と仕事の両立予備軍、さらには介護離職予備軍の存在があることが初めて可視化された調査だった。

丸紅だけではない。情報元は違うが、NTT東日本の社員調査も驚きだった。同社人事部が行った社員調査によれば、介護をしながら働いた経験がある社員は4人に1人。8人に1人が現在も介護中という結果となったのだ。この調査には、同社グループの全社員6万人のうち3万3千人もの人が回答したというので、グループ全体で最低でも約4千人、回答しなかった人も含めるとおそらく7千人ほどの40代、50代の中堅・ベテランの社員が介護を抱えながら業務に従事しているということになる(『日経ビジネス』2014年9月22日号)。

経団連も「トモケア」

「介護離職ゼロ」という政府が掲げる成長戦略を、経済界はどのように受け止めたのだろうか。日本経済団体連合会が2018年に発表した「仕事と介護の両立支援の一層の充実に向けて――企業における『トモケア』のススメ」という提言書は、その問いに答えている。介護問題に直面した社員に対して企業のできることを、「社員に寄り添い、介護のあり方を『共に』考え、仕事との両立に『共に』取り組むことである」とし、介護と仕事の両立支援の基本理念として提起している。「トモケア」の意味するところである。

提言書には、傘下の大手20社の事例と経団連雇用政策委員会と労働法規委員会の委員企業（計232社）を対象にした「介護離職予防の取組みに関するアンケート調査結果」も収録されており、資料としても活用できるものとなっている。介護休業や短時間勤務制度、介護サービス利用料補助など経済的支援、相談体制の整備等々、さすがに大手企業における仕事と介護の両立支援の充実ぶりには驚かされるような事例も多い。

介護休業制度に限って見れば、先のアンケート調査に回答した117社（232社中）の結果では、介護給制度を国の基準を上回って「最長93日を超えて取得可能としている」社が93・9％（92社）と圧倒している。最長は1096日（1社）で、最多回答は365日（56社）だった（図3）。「3回を超えて分割取得できるようにしている」社は54・1％（53社）で、分割には制限なしが大半だ。

ただ、こうした制度的条件整備が、ただちに休業制度の取得者の増加に結び付くようなことではないらしい。同調査の直近3年間の制度利用者を見れば、「増加している」社は12・

図３　両立支援制度に関する経団連アンケート調査結果

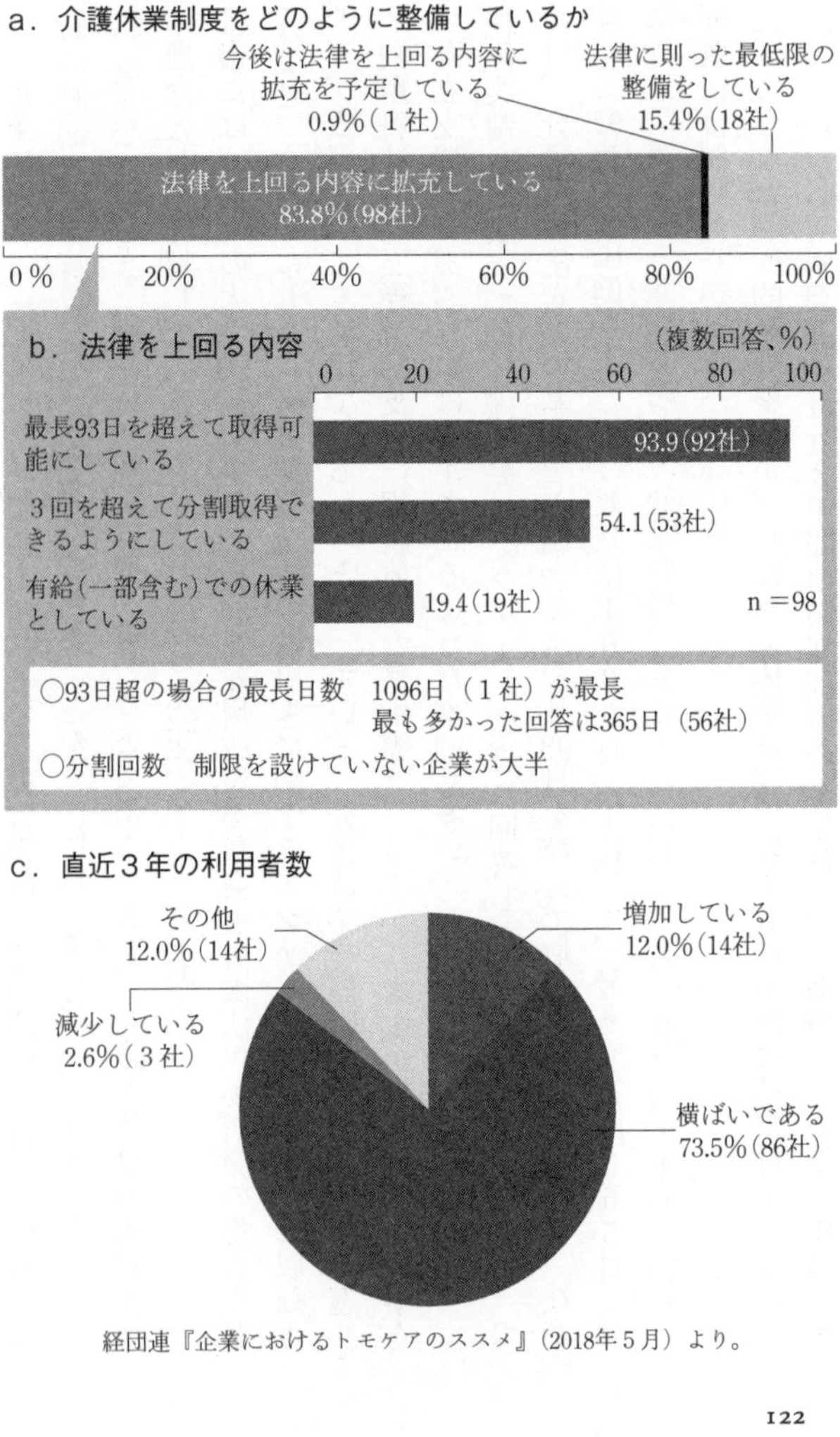

経団連『企業におけるトモケアのススメ』（2018年５月）より。

0％（14社）で「横ばいである」が73・5％（86社）と圧倒的に多く、「減少している」社も2・6％（3社）あった。幾つもの理由が考えられるが、人事担当者へのアンケートとインタビューを行った鬼沢裕子《おにざわゆうこ》（ベネッセコーポレーション人財本部本部長）は、介護の状況が千差万別で何を重視すればいいのか分からないという回答が約9割となったと指摘している。いわばモデルケース不在でどこまで支援の備えをしなければならないのか、という担当者の悩みの声を紹介している（鬼沢作成のレポート「企業の『仕事と介護の両立支援』の課題――人事担当者へのアンケートとインタビューからの考察」）。人事労務担当者だけでなく、介護に直面する社員一人ひとりにとっても同様の課題であろう。いま求められているのは、「両立モデル」を可視化すること、である。

「小さな社会運動」を担う

「トモケア」のような仕事と介護の両立を是認する社風の醸成が、経団連傘下の大手企業だけでなく、この国の多くを占める中小企業にまで波及していくには、財政支援も含めた法制度の整備など国や自治体の積極的な関与が不可欠となる。個別企業での配慮・努力を促すだけでなく、国家戦略としての政治的ベクトルをも明瞭に指し示すことが必要だ。

政府が成長戦略として打ち出した「介護離職ゼロ」が、政治からのインパクトのあるメッセージとして発信されたが、その背景には介護問題の深刻化はもちろん介護の問題解決に向から家族介護者など当事者・関係者の地道な実践と研究の蓄積が、政府の方針を引き寄せる確かな原動力となっていた。

私たち男性介護ネットが「介護退職ゼロ作戦」をスローガンとするフォーラムを開催し、各地のグループとも協働して世論喚起の活動をスタートしたのは2012年。政府の「介護離職ゼロ」に呼応して、2016年からは3年期限での「介護離職のない社会をめざす会」が発足し、介護の当事者団体と労働組合などが幅広く協働する社会運動も始まり、私たちもそのメンバーに加わった。介護が介護関係者だけでなく経済や労働分野も含めて広く議論されるようになったこともこの間の特徴となった。

すでに記してきたように、介護する男性を「ケアメン」と称して新しい男性モデルとしようという主張も少しは世に知られるようになってきた。それでも介護の世界ではまだ男性は少数派だ。この社会の介護政策のスタンダードは、いまだに専業主婦・女性モデルであると言っても間違いではない。介護の家族主義とジェンダー規範は根強く、社会政策の前提として機能している。介護政策から周縁化された男性介護者は、その政策的標準に収まりきらないがゆえに、さまざまな課題を抱えざるを得ないのだ。だからこそ男性をリトマス試験紙にして現行の介護に関連する制度政策を検証してみれば、それらに埋め込まれた障壁がクリアになる課題も少なくないのではないか、そして介護の課題をより大きな社会の舞台に引き上げることも可能ではないか、と考え訴えてきた。仕事と介護の両立課題もその一つだったが、この課題をいま最も象徴的に引き受けているのが、介護役割を担いながら働いている男性たちだ、と言ってもいい。

「介護離職ゼロ」の政府スローガンを、半信半疑ながらも歓迎してきた私たちだが、それでも小さな介護者運動が額《ひたい》に汗して炙り出してきたこのテーマをたやすくフェイドアウトさせてはならないと、強く拳《こぶし》を握りしめている。

多数派は「ワーキングケアラー」

仕事と介護の緊張関係に直面しながら働く人は３４６万３千人。「２０１７年就業構造基本調査（総務省統計局）」が明らかにした数値だ。５年に一度実施されるこの調査の直近のデータだが、そのうち男性が１５１万５千人、女性が１９４万８千人。過去１年間（２０１６年10月～17年９月）で家族の介護のために離職した人は９万９千人に上った。

表５は有業者総数に占める介護する人の占める比率はどれくらいになるか、表６は介護する人全体の中で有業者数はどれくらいいるか、という視点でこの調査のデータを再構成したものだが、驚きの実態が浮かび上がる。

表5　働いている人のうち、介護している人

	総数	40歳未満	40〜49歳	50〜59歳	60歳以上
有業者総数(1)	66,213.0	23,165.9	16,155.5	13,058.8	13,832.8
男性	37,074.1	12,639.0	8,928.4	7,261.9	8,244.8
女性	29,138.9	10,526.9	7,227.1	5,796.8	5,588.0
介護している有業者(2)	3,463.2	377.1	671.2	1,359.7	1,055.1
男性	1,514.9	166.5	275.3	545.4	527.6
女性	1,948.3	210.5	395.9	814.4	527.7
(2)÷(1)	5.2%	1.6%	4.2%	10.4%	7.6%

総務省統計局「平成29年就業構造基本調査」より。人数の単位は千人。

表6　介護している人のうち、働いている人

	総数	40歳未満	40〜49歳	50〜59歳	60歳以上
介護者総数(1)	6,276.3	540.1	895.7	1,889.9	2,950.6
男性A	2,321.5	221.7	315.1	623.7	1,160.9
女性B	3,954.8	318.3	580.6	1,266.2	1,789.7
働いている介護者(2)	3,463.2	377.1	671.2	1,359.7	1,055.1
男性a	1,514.9	166.5	275.3	545.4	527.6
女性b	1,948.3	210.5	395.9	814.3	527.7
(2)÷(1)	55.2%	69.8%	74.9%	72.0%	35.8%
男性：a÷A	65.3%	75.1%	87.4%	87.5%	45.5%
女性：b÷B	49.3%	66.1%	68.2%	64.3%	29.5%

総務省統計局「平成29年就業構造基本調査」より。人数の単位は千人。

まず表5の有業者視点から見れば次のようになる。
①働いている人の約20人に1人（5・2％）は介護している労働者である。
②働いている男性の4・1％、女性の6・7％は介護している労働者である。
③働いている50代の人の10・4％は介護をしている。
これだけでも無視できない大きな数字ではあるが、それでもまだ働いている人の中で介護する人は少数派だ。だが、これを介護者視点から読み取ると次のようにさらに驚愕《きょうがく》の実態となる（表6）。
①介護者の半数以上（55・2％）は働いている。
②男性の介護者の65・3％、女性の介護者の49・3％は今も働いている。
③生産年齢層の60歳未満の、男性介護者の85・1％、女性介護者の65・6％は働いている。
50代の男性介護者の87・5％は仕事に従事している。

介護者の、とりわけ男性介護者の大多数はもうすでに有業者、介護しながら働いている「ワーキングケアラー」なのだ。

「ケアレス・マン」モデルを超える

前項で見てきたように、総務省の「2017年就業構造基本調査」では、介護をしている者は627万6千人で、うち男性は232万2千人（37・0％）、女性が395万5千人（63・0％）となっている。また同省の「2016年社会生活基本調査」では、普段介護している人は698万7千人で、男性が277万6千人（39・7％）、女性が421万1千人（60・3％）、介護者の中で男性はすでに約4割を占める、とされている。本書では、これまで厚生労働省の「国民生活基礎調査」に依拠しながら「同居の主たる介護者の3人に1人は男性」というフレーズを繰り返してきたが、これら総務省調査はそれをさらに上回る実態を示している。

さらに「2016年社会生活基本調査」では、介護者のうち調査当日に実際に介護・看護を行った人の数とその平均時間（行動者平均時間）を捕捉《ほそく》している。介護・看護時間の把握を開始した1991年以降、男性はおおむね横ばい、女性はおおむね減少傾向で推移しているが、2016年調査は男性が2時間32分、女性が2時間28分と初めて男性が女性の行動者平均時間を上回ったことが記されている。これまでになかったデータである。長らく稼ぎ手や長時間労働を背景に「ケアレス・マン」として家庭責任不在とされてきた男性たちの、介護実態から見えてくる変化である。

では、私たちの介護政策は「介護者の多数派は働いている」という実態を認識しているのであろうか。否だ、と即答したい。働きながら介護している人がいないわけではないが、主たる介護者の多くは介護に専念しているという、今では全くの幻想にすぎない介護のための豊富な家族資源の存在を前提とする旧態依然の介護政策が、いまだにはびこっているのではないか。

上記のような介護者の大多数は有業者という介護実態と、いざ介護が始まれば介護に専念できる家族の存在を標準とする政策的前提との狭間で、「ワーキングケアラー」たちの仕事と介護の両立の困難さは極まってくる。介護者の嘆く声を拾ってみよう。

表7は私たちが2006年に行った男性介護者への調査（『男性介護者白書』に所収）に記録された「一人で親を介護する息子たち」の仕事と介護をめぐる実態である。

介護のために退職した人が2人いるが、そのうちの1人は「介護が始まって半年くらいでクビになった」（49歳、広島県）という。常勤だが介護休業など「取っていない。会社ではそういうものは取らせてくれない」（56歳、大阪府）と憤る人もいる。仕事と介護の両立をなんとかこなしているが厳しい。「時機を見て退職し、介護に対応して、時間的ゆとりを確保したい」（58歳、沖縄県）との声も介護退職に敷き詰められたレールのようだ。

働きながらの介護によるストレスも大きい。たまには一日ゆっくりしたい、2～3日でいいからのんびりしたい、一日中家事をするわけではないが100％自由な時間がなくなった。「自分の自由に使える時間がなくなったが、逆に被介護者を一人にして外出すると気になり

表7　親を介護する息子たち

地域	息子年齢	被介護者 要介護度 介護期間	介護の様子	介護休業制度
大阪	56歳	85歳・父 要介護３ ３年	・自分の時間がない。たまには一日ゆっくりしたい。 ・そういう余裕もお金もないです。世の中はそんなきれいごとでは生きていけません。	常勤。取っていない。会社ではそういうものは取らせてくれない。
広島	49歳	85歳・父 要介護１ ２年	・介護するようになって半年くらいでクビになった。１日中家事をする訳ではないが、100%自由な時間がなくなった。	介護のために退職。
沖縄	58歳	87歳・父 要支援２ ５年３ヶ月	・デイサービスを利用しているが、自分の休日の場合は自分自身で送迎しているが、勤務日は妹に対応してもらっている。 ・介護と仕事の両立は困難であり、時機を見て退職し、介護に対応して、時間的ゆとりを確保したい。	常勤。取ったことがない。
青森	49歳	86歳・母 要介護４ ７年５ヶ月	・地域の風習や陰口は無視して利用できる介護サービスはどんどん利用させてもらう。 ・仕事が減ってきた（年収１千万→240万）。 ・泊りがけの仕事が出来なくなった ・会社が倒産しそうになっている。 ・実父は実母の介護疲れで心筋梗塞で亡くなった。 ・２〜３日でいいからのんびりしたい。	自営業。取ったことがない。
愛媛	59歳	91歳・父 要介護３ ３年	・自分の収入がなくなり生活が苦しい（介護のために３年前に退職した）。 ・自分の自由に使える時間がなくなったが、逆に被介護者を一人にして外出すると気になりかえってストレスが溜まる。	介護のために退職した。「今は父の年金で暮らしている。約20万円」

津止・斎藤ら「男性介護者の介護実態に関する調査」（2006年）より。

かえってストレスが溜まる」（59歳、愛媛県）と訴えている。

家計も苦しい。「年収1千万円が240万円になった。会社が倒産しそうになっている」（49歳、青森県）という自営業の息子。介護で泊まりがけの仕事ができなくなるなど仕事の自由度が低下したためだ。「今は父の年金で暮らしている。〔月収は〕約20万円」（59歳、愛媛県）という息子は、私たちの取材に対して、父の介護がなくなれば年金を失う、年金で暮らすということはずっと介護を続けるということ。どちらにしても苦しいよね、と呟《つぶや》いていた。

これらのデータは2006年時のものであるが、親の介護を担い仕事との両立に戸惑う息子たちの暮らしは、今もさほど変わらぬ状態にあるのではないかとも推測されるがいかがだろうか。介護が始まって、介護サービスを利用しながら、他の家族の支援を受けながら、自らを叱咤《しった》激励しながら、仕事と介護をかろうじて両立。しかし、介護者自身の体調不安や職場の無理解、被介護者の状態悪化などその他諸々《もろもろ》の環境が刻々と変化する状況のなかで、不安はより増幅してついには離職を余儀なくされる。そうしたプロセスが、この5人の息子たちの事例からもうかがえる。

59歳、間もなく定年

前項に記してきたような仕事と介護をめぐる厳しい環境は、おそらく今も昔も変わらぬ実態として存在しているに違いない。が、同時に忘れてはならないこともある。いま本章の冒頭で示したような政府自らが「介護離職ゼロ」を経済の成長戦略の一つに位置づけ、経済専門誌がこぞって介護の大特集を組み、さらには私たちの「介護退職ゼロ作戦」や「介護離職のない社会をめざす会」という新しい介護運動も登場するような時代の変化も生まれているということだ。今も変わらぬ厳しい実態の確認とともに、新しい変化の兆しにも丁寧に目を向けていくことが必要だと思う。これらの変化を「仕事と介護」が両立し得る社会を牽引する時代の典型として見た場合、どのような意義を有するかについて少し考察してみようと思う。

次に示す事例は、男性介護ネットが刊行した『男性介護者100万人へのメッセージ』第2集（2010年）に寄せられた熊本県の福本親康さん（執筆当時59歳）の一文をもとに、私の責任で要約したものだ。

〈妻の認知症発生から7年、いま「要介護4」のほとんど全介助の状態だ。1年半前からデイサービスを利用しながらなんとか仕事を続けてきた。デイの迎えが来る前は分刻みの忙しさだ。早くに起床し、朝食の準備、食事、片付け、着替え、歯磨き、洗顔、化粧。その間に何度もある妻の「トイレする」の訴えには「丁寧に！」「焦るな！」と言い聞かせている。デイのお迎えと同時に自分は出社する。終業時間は、デイサービスの終了（午後5時）に合わせて、2時間の休暇を取って早退している。会社には何かと迷惑をかけている。早くから妻の若年認知症のことを告白していたのだが、会社や同僚の理解と協力があってこそだ。帰宅したら、慣れない主夫業。電車の中で献立を考え、買い物して調理。調理していると、「お父さん、疲れない？」「私ができないからね」と妻。「お父さんの美味しいよ」という言葉に疲れも吹き飛ぶ。〉

（福本「仕事と介護そして主夫業」より）

間もなく定年を迎える福本さんは、介護に奔走しながらも1時間の通勤時間を束の間《つかま》の〝休息〟時間としてなんとか仕事をこなしていた。屋内徘徊がエスカレートして、さらには壁やドアを激しく叩き出すこともあってそんなときにはもう朝まで寝ることはできない。それでも仕事は休めない、とつらさを吐露する場面も記してあったが、「私もつらいけど、本人はもっとつらいのです」と妻に寄り添う。十分とは言えない職場の支援や介護サービスの環境ではあったに違いない。それでも、仕事が介護ストレスを軽減してくれ、また介護がこれまでとは違う妻との新しい関係を実感する場にもなった、とも言う。「働きながら介護する」ということにこれまで尊重されることもなかったような働き方、生き方の豊かなモデルが内包されていると思うのは私だけではないはずだ。とりわけこの事例が示している働きながら介護するという「ながら」の介護の持つ今日的な意味について補足しておこう。

「通勤時間が一番ゆっくりできる」

私は、この「ながら」介護が一般化している実態を把握した当初には、あれもこれも同時にこなさねばならぬ介護の困難さを強調する意味で「ながら」介護という概念を使ってきた。しかし、先の事例を目にしてその考えは全く一面的であると考えるようになった。確かに、介護に専念する家族を選択し得ない状況からすれば仕事も介護も家事もという生活全般を一手に担わなければならない、という意味においては「ながら」介護は困難さの象徴であるかもしれない。ただ、この「あれもこれも」も同時に担うという介護生活の神髄は、困難さというだけではないということをこの事例は雄弁に語っている。

端的に言えば、仕事と介護の両立が可能な環境とは、24時間365日介護漬けにならずにすむという新しい介護生活の可能性を切り拓いているのではないか、ということである。仕事の継続が介護から離れるための根拠になって、自分専用の環境（時間・仲間・役割・収入など）を誰憚ることなく享受することを可能としているのだ。介護する人という役割のみを背負うのではなく、一人の市民として生き切ることを可能とする環境を求めることの正当性だ。福本さんの体験記に記された言葉にいま一度耳を傾けてみよう。

〈デイの迎えと一緒に、私も家を出ます。家を出て、通勤電車での1時間が、一番ゆっくりできる時間です。会社に着いたら、介護のことは忘れて、直《す》ぐに仕事モードへ切り替えです。

仕事へ集中することで、介護ストレスの発散になっているのかも知れません。こんな生活もあと2ヶ月、やっと定年退職の日が来るのです。辞めようと思って2年間。勤めてこられたのも、デイの皆さんと、職場のみんなのおかげです。感謝です。〉

この体験記には、若年認知症を患った妻の症状を職場に早くカミングアウトし、SOSを発してきたことが同僚の理解と支援につながったとも記してあった。妻の症状が重篤化し、一人にしておけなくなったとき「もう辞めよう」と思い悩んだのだが、「定年までもうすぐだよ」との同僚の励ましで、やっと利用を始めたというデイサービスなど介護サービスの豊富化やその利用効果も両立を後押ししてくれた。適切な配慮があれば「辞めなくてよかった！」ということなのだろう。

あと2か月で定年。彼はもちろんだが、彼を定年まで支えることができた職場の同僚の「万歳」の声も聞こえてくるような胸が熱くなる一文だ。「あれもこれも」同時にこなさなければならない困難さと同時に、そのつらさを潜《くぐ》り抜けた向こう側には仕事を続けることができるということが、24時間365日介護漬けにならなくてもいい真っ当な根拠として誰からも支持され歓迎される新しい時代もまた始まっているのだ。

2018年の夏、私は彼の後日談を聞きたくて熊本まで出かけてきた。彼はもう67歳、妻は65歳になっていた。「通勤時間の1時間が一番ゆっくりできる時間」という過酷な毎日を潜り抜け、無事に定年を迎えたという。妻はいまベッドでの全介助、寝たきりの毎日だが、介護のある暮らしはゆっくりと続いていた。

「働き方革命」の2つの条件

労働経済学者の大沢真知子《おおさわまちこ》はかつて、「いま日本では、仕事とケアが両立できる働き方を非典型の働き方とみなしている。しかし、介護はだれでも直面する課題であるとするならば、仕事と家庭（介護）が両立できる働き方こそ典型的な働き方になる必要がある。このような発想の転換をしたあとに、そこに焦点を当てて税や社会保障制度を見直す。このことこそがいまもっとも社会に求められている働き方革命であり、社会保障制度改革なのではないだろうか」（大沢「介護と仕事の両立から考えるワークライフバランス社会」）と述べた。大沢の「働き方革命」の指摘は今なお当てはまるように思う。

この「働き方革命」に引き付けて、仕事と介護の両立のために必要な支援策の具体を検討してみれば、次の「2つの条件」が必要だと私は言い続けてきた。

第1は、支援対象となる「労働者像」を明確にした、介護に適合的なより柔軟な働き方の開発と普及である。介護しながら働く労働者を無き者として排除しないという視点である。仕事と介護の両立支援の主要な体制として想定されるのは40代、50代の働き盛り世代だが、この世代に対する社会と雇用先の支援制度をせめて育児期並みに拡充すべきと主張してもいいのではないか。同一の法制度という枠組みにある育児・介護の両制度だが、休業期間、休業取得のバリエーション、休業手当、支給期間など育児に比して介護を支援する制度はあまりに貧弱である。

第2に、支援対象となる「介護者像」を明確にして、介護の必要な高齢者だけでなく家族の介護を担う人を支援する新しい介護サービスの開発と普及である。つまり、働く介護者を例外的な特殊ニーズとしない介護サービスの開発とその普及である。育児の分野を例に取れば一目瞭然である。たとえ育児休業など働き方支援が盤石であったとしても、劣悪な保育環境下では両立は不可能であるように、介護サービスなしの仕事との両立もあり得ない。「マタハラ」（杉浦浩美『働く女性とマタニティ・ハラスメント』）という言葉が生まれ、深刻な保育の待機児童問題も指摘される育児期における支援資源に比べてもなお、介護期における介護サービスをめぐる環境は貧弱なままである。働きながら介護することが可能な介護サービスの環境整備は急務と言えよう。

支援対象としての「労働者像」と「介護者像」の明示ということを核とした上記の2つの条件は、相互に深く関連するものであり、別個に検討・整備されるような課題ではないと思われる。しかし、現状ではその制度的連関は全く想定されていないのではないか。厚労省内部での業務所管もその一因となっているのではないかと危惧する。仕事はワーク・ライフ・バランスなどを所管する同省の雇用環境・均等局などが、介護は老人福祉や介護保険などの業務を所管する同省老健局などが、それぞれ所管している。また、2つの条件がそれ相応に整備されたとしても、それだけでは十分に両立支援策として機能することは難しい。

仕事と介護、育児などの両立支援は、個別支援策のみで事足りるものではなく、いわば総合政策化の極みである。たとえば介護サービスと家族資源、介護休業、介護休暇、年休、福利厚生、各種手当など、それぞれ次元の異なる支援を、直面する介護ステージに即して効果的に「組み合わせ」なければ機能しない。そうした「組み合わせ」が不可欠であることは、ほとんど相互に関連することなく推進・整備されている〝働くことの支援〟と〝介護サービスの支援〟のちぐはぐな現状が実証している。

支援を組み合わせる

言うまでもないことだが、仕事と介護の両立の実態は、居住の場での介護サービスの成熟度合いなどの介護環境と、職場での労働条件や職位など労働環境との関係はもちろん、介護する人とされる人との関係なども影響して組み上がる。極めて複雑なもので、極端に言えば労働者の数ほど個別のニーズが生まれると言ってもいい。一方、行政が整備する制度は、

「いつでも、誰でも、どこでも、必要な時に」というユニバーサルな資源供与が求められたため、予算や対象、規模、利用条件などの枠組みは標準化を余儀なくされる。そうした制約のために、第一線の利用者が抱えるニーズの個別性、特殊性、具体性とは乖離《かいり》が生じることは避けられない。さらに、こうした制度の所管が複数の行政セクターにまたがり、担当ごとバラバラに検討が進められることも少なくない。個別企業単位での支援制度も同様に、社員全体を視野に収めて運用する必要から、仕事と介護の両立をめぐる複雑なニーズをある程度標準化した上で対応策を作らざるを得ない。

現実に進行する介護実態は、１００人いれば１００通りの現実に即した個別の支援を求めるが、制度は逆に標準化へと収斂《しゅうれん》していく。このジレンマこそが、政府や自治体、個別企業が整備する制度に付きまとう「使い勝手の悪さ」や「柔軟性に欠ける」という評価の要因である。それゆえ、各自の実態と両立支援策をマッチングさせる「カスタマイズ」が必要不可欠である。制度間の「コーディネート」でも可能かと思われるが、出来上がった各要素の調整ということではなく、それぞれが未完成で不揃《ふぞろ》いの制度ということで、現場で実践的に組み込みながら完成度を高めていくという意味を込めて「カスタマイズ」と表現した。仕事と介護の両立のように極端な複雑性を伴う分野では、このようにカスタマイズが可能な支援策として構想・設計されるかどうかが、成否につながる決定的なポイントと言える。

また、両立支援には支援制度のカスタマイズだけでなく次のような課題もある。仕事を持ちながら介護役割が生じた人の体験談に耳を傾けると、多くの人が仕事か介護かの二者択一を迫られると言っている。しかし、二者択一を迫られ、仕事を選択したとしても、気持ちの整理だけでなくその後の介護の引き受け先の確保が難しい。施設入所は待機者があふれていてままならず、家族という人的資源も枯渇しているからこそ仕事と介護の両立課題が浮上しているのだ。また在宅での介護を選択したとしても、被介護者の重篤化や自身の環境変化の進行により、介護と仕事の時間配分の調整はすぐに暗礁に乗り上げる。転職・離職は、それに伴うキャリアダメージの不安や家計の逼迫、孤立というリスクが付きまとう。いずれを選択したとしても深刻なリスクを背負うのだ。

介護休業制度で1年間仕事を休んだが、その1年間の休業中ですら次の見通しが立たず、結果的に離職せざるを得なかったという男性もいた（103頁）。現在、法律で保障されている93日の介護休業を長期化することにより問題解決に向かう事例も少なくないだろうが、それがすべてでもない。要は、介護休業に続く次の見通しにつながるプログラムがないことには、決定的な両立支援にはならないということだろう。休業取得のキャリアダメージのイメージだけでなく、根深く残るその事実も、介護に伴う休業をネガティブにすることに影響している。団塊ジュニアたちの抱える不安の源泉である。

女性の労働環境、男性の介護環境

男女雇用機会均等法が施行され（1986年）、雇用における男女差別の撤廃というテーマがようやく表舞台に上った。しかし、採用や処遇面での局地的な前進はあったものの母性保護などの支援ではむしろ後退し、雇用環境での男女平等にはなお道遠し、課題を山積させているようだ。かつて「24時間戦えますか」とビジネスマンを鼓舞したドリンク剤のCMのように、余暇も家族も社会活動もすべてを犠牲にして仕事一筋に適合させるかのような男社会で見られた働き方のスタイルは、バブル期は当然視され、むしろ称賛さえされた。「私作る人、僕食べる人」と性別による役割分業を刷り込んだ食品CMのような働き方と暮らし方のシステムもまた同様であった。このスタイルとシステムの是非を問い、正していくということなしに、女性もただその道をなぞっていくだけでは、男女の雇用環境の真の平等化や「仕事と生活の調和（ワーク・ライフ・バランス）」には影響することはなかったのだ。働き方の男性化とでもいうべき働き方の蔓延《まんえん》は、男女を問わず雇用と就労、生活の環境をますます窮屈なものとしている。

女性キャリア開発研究の第一人者である武石恵美子《たけいしえみこ》は「女性に対して男性と同様の能力発揮、キャリア形成を求めていくというアプローチに限界があったことが指摘できる」（武石

「雇用における機会と待遇の均等」）と、男性の働き方を前提にすると、女性が働き続けることを支援する両立支援の在り方も問題になると述べている。さらに武石は、男性にも従来型の「男性並み」に働くことのできない人たちの存在があることに着目しつつ、性別に関わらず多様な労働者のニーズに着目した人事政策や職場マネジメントの重要性を主張している。介護する男性たちへの着目や支援の必要性もこうした文脈に位置する。

このような女性の労働環境と全く同様の構造を男性の介護環境も抱えているようである。男女が共に介護を担う時代、というのはこれまでのように家族介護を当然視し、またこれを正当化するということではないはずである。男女が共に手を携えて、家族と自分の老後を安心して託すことが可能な、これまでとは違う新しい介護のスタイルとシステムを創造していかなければならない、ということだ。

１００万人を超える男性のこうした介護実態が教えているのは、男性もこれまで介護を担ってきた女性たちと「同じように」介護しよう、というのではないということだ。無償かつ無制限、無限定の家族の介護労働というこれまでのシステムとスタイルをただなぞっていくだけでは、いま私たちが抱えている介護問題は決して解決などできないということではないか。クレア・アンガーソンが「階級的亀裂《きれつ》」というこの社会の根源的な対立軸を俎上《そじょう》に載せて、介護政策の議論と検討の必要を説いていたが、的確な指摘であった（アンガーソン

『ジェンダーと家族介護』)。「男性介護者」が厳然たる社会層として押し出してくる構造的要因がここにあるのではないか、と考える。仕事オンリーの「ケアレス・マン」モデルの労働者ではなく、家族を世話しながら生きることも可能という男性の働き方・生き方も、この文脈に照らせば超高齢社会の要請に応える創造性豊かなモデルの開発という意味を持ってくるのである。

職場にも「ケア・コミュニティ」を

これまでのひとまずのまとめとして、今すぐにも職場で取り組み可能な課題を3点記したい。

第1に、これまで指摘してきた新しい介護実態が、自社の社員にどのように投影されているかという実態把握に取り組むことである。幾つかの先行企業においてはすでに体験済みのことだが、まさに他人事《ひとごと》ではない自社版「隠れ介護者」のリアリティを目の当たりにするに違いない。こうした調査結果や社内制度を載せた介護ガイドブックをつくり、啓発するのも大事だ。明らかになった実態を基に行政や社会に訴え問題解決に向けた政策提言を行うのもいい。行政はこうした企業での取り組みを誘導するインセンティブ政策を実施していくことだ。

第2に、健康診断に倣って40代以降の節目時に生活設計にアクセスする定点支援を行い、介護をその主要なテーマとして位置づけることだ。老後の生活設計はもちろん配偶者や老親の介護が必要になった時に利用できる制度や相談先、かかる費用など、普段から備えておけばいざというときに慌てなくてもいい課題は少なくない。介護相談窓口の設置、介護に関するセミナーやワークショップの開催、提携する介護事業所の確保など、その気にさえなれば実施可能な取り組みは少なくない。大介護時代に生きる中高年の新しい教養としての介護スキルの獲得課題である。

第3は、職場に介護する社員の会や集い、懇談会などケアのコミュニティを育てることである。こうしたコミュニティはこれまで地域単位での組織化が行われ、地域での「介護の社会化」運動を牽引してきたことを教訓とすれば、職場単位でのコミュニティを育てていくことは「仕事と介護の両立」モデルの動力を育てることになる。就業構造基本調査や社会生活基本調査等々の全国調査の結果を踏まえるならば、働き盛りの40代、50代の少なくない社員が介護に従事しあるいは不安を抱えているとすれば、職場単位での同じ立場の介護する者同士の語りと傾聴の交流は重要である。「ひとりじゃない」という実感こそ、今日を生き明日につながる動力であり、さらには仕事と介護の両立に真に必要な支援策を創り出していく知恵の宝庫にもなるはずである。まだ介護には至らないが近い将来の不安を抱える人は今の数倍にも及び、親族や友人、同僚に同様の課題を抱えている人もいる。ケアのコミュニティはこうした社員の希望にもなり、さらに広範な社内コミュニティの活性化にも貢献するに違いない。前述した「あと2ヶ月で定年を迎える。感謝です」と記した男性介護者が伝えたかったことは、端的にこのケアのコミュニティへの思いではなかったのか。

寝た子を起こす取り組み

こうした介護の支援策が進めば、介護休業や休暇の取得者が激増しコスト増になるのでは、と恐れる経営幹部も少なくないかもしれない。だから「寝た子を起こしてはならない」というのかもしれないが、いま進行している事態は全く逆のことを喚起しているのである。介護退職が始まれば本人はもちろんのこと職場も国も自治体も「四方大損」になるという現下の状況では、「寝た子を起こさなければ」会社存続の危機である、という認識こそ今日的な危機管理とも言えよう。

介護は、ただつらくて大変、できれば避けたいということではなく、育児や介護など家族のケアに接続可能な生き方・働き方こそ実は人生を豊かにできるのではないか、とも思う。そのことを可能とする取り組みこそ未来に開かれた組織のテーマではないか、というポジティブなメッセージが、介護と仕事の両立支援を求める団塊ジュニアたちの声とともに広がっていけば嬉しい限りだ。

男性社員を介護の射程に収めることは、さらに進めて言えば男女が共に介護を担う時代を見据えることであり、男女が共に手を携えて、家族と自分の老後を安心して託すことが可能な新しい社会の介護システムを創造していくことにほかならない。家族介護を礼賛しそこに誘導する主張とは一線を画しつつも、何より「介護の社会化」の実質化・豊富化の中で家族と介護を捉えようとすることは否定されることではないと思う。介護する・されるということを家族など誰かの犠牲の上に成り立たせるのではなく、当たり前のようにこの社会の隅々に埋め込んでいくという、この社会の「これまで」と「これから」を画する巨大なプロジェクトの起動だ。

第5章 「もっと群れよう、男たち！」
——介護と「男の修行」

悩みも苦しみも堪え忍んで
苦しいこともあるだろう
云《い》い度《た》いこともあるだろう
不満なこともあるだろう
腹の立つこともあるだろう
泣き度いこともあるだろう
これらをじっとこらえてゆくのが
男の修行である

これは、軍人山本五十六《やまもといそろく》が残した格言「男の修行」だ。難儀なことは多々あるだろうが、男ならひたすら堪《こら》えて耐えよう。道は必ず開けるのだ。戦前の言ではあるが、今もなお規範として機能しているとすれば、男性の心の琴線に触れるような意味合いがあるのではないか。高度成長を支えた企業戦士たちもこの言葉を胸に、厳しいけれども前を向いて時代を駆け抜けていったのではないか。多くの男性介護者の介護実態もこうした「男の修行」を地でいくようなものではないか、と思う。

実際に、この格言に類するような言葉を自らの行動規範として介護生活を送っている男性は少なくない。京都市山科《やましな》区の介護者の会「はげましの会」の初代会長を務めた藤本正夫さん（1997年没、享年72歳）は、会発足（1995年）の際の会報に次のように記している。「私達は悩みも苦しみも堪え忍んで介護してきました。そこには過労がやって来て身を滅ぼす人もあります。互いに励まし合い助け合って体を大切にしていきましょう」。会の名称を「はげましの会」としたのも藤本さんの提案だった。しばらくして介護施設に入所した妻の見舞いに自転車で通うことを欠かさなかった藤本さんだが、それから2年後に妻を残して彼岸に旅立った。この会で、藤本さんの介護体験談を耳にしたことが私の男性介護者への関心の始まりだった。

あと3か月したら定年、というときに妻が倒れた。定年後は妻と一緒に旅行もしたい、趣味も広げたい、あれもこれもという夢もあったが、全部できなくなった。私の第2の人生は介護、介護の人生になった。毎日の買い物が苦痛だった。スーパーのレジで買い物かごを提げて女性たちの列にポツンと交ざって、順番待ちをするのがとても受け入れがたかった。人は自分のことを何と見ているのだろう。身寄りのない哀れなジイさんやろうか？　そう思うと何とも恥ずかしく惨めな気持ちになって、一刻も早くこの場を去りたかった。買い物も、妻の下の世話に必要な下着などの衣類やおむつの購入もつらかった。名前も使い方も、サイズも分からなかった。それを口にするのも憚られた。下着売り場をウロウロすることも躊《ちゅう》躇《ちょ》した。必要な物を調べて、メモにして渡すと、店員さんはそれをご丁寧にも復唱してくれるから、余計に恥ずかしい思いもした——。

私の記憶に残っている藤本さんの介護にまつわる話は、大方このような内容だった。介護はおろか生活そのものが成り立たないような状況だ。この「哀れで惨め」という男のメンツを潰《つぶ》されるような気分は、藤本さんに限らず同年配の男性ならば誰しもに深く内面化された当時の社会を覆っていた規範であろう。ほかの誰でもない自分自身がそう思っているのだから余計に面倒に違いない。この規範が自縄自縛となって「買い物をする男性」を受容できなかったのだ。だから、藤本さんの介護は「悩みも苦しみも堪え忍んで」となったのだろう。

私が聞いたこの藤本さんのエピソードはもう四半世紀も前のことではあるが、このような「男の修行」は、今もなお多くの男性介護者が口にしている。

母を介護する福岡市の畑山郁夫さん（67歳）は「カッとするな、怒鳴るな、叩くな、死ぬな、殺すな、耐えよ、男じゃないか」と、壁紙に貼り付けて自身への戒めとしている、とある学会のシンポジウムで自身の介護体験を報告した。京都の芝野勇夫さん（71歳）は、男性介護ネットの入会時に付された「会員番号797」を見て、「思わず『泣くな（797）！芝野』と言われているように思った」という。そして「毎日が介護で必死の時だった」と振り返っていた。

なぜ私は介護をするのか。この問いは自明ではないからこそ、自問自答しながら介護を担う根拠を探して理論武装をするのだ。そして「泣くな！」「怒鳴るな！」と自身を鼓舞するのだ。

「すぐには泣けない」

でも世間は、もっと裃《かみしも》脱いで、気楽に介護をしようという。腹の立つときには愚痴をこぼしてもいいと慰められる。つらいときには泣いてもいいよ、とやさしい言葉もかけられる。どうしようもなくなったら、助けを求めよう、弱音を吐いてもいいんだよ、とも励まされる。

SOSの発信こそ介護の最良の備えだとも聞く。「でも」とある講演会での質疑応答で男性が挙手して怒気を込めて発言した。

そんなことみんな言ってくれるけど。確かに分かるけど。泣くな。逃げるな。頼るな。最後までやり遂げよ。と言われて育ってきたんだ。それが悪いことでもなんでもなかったんだ。その通りにしていれば頼られる社員であり、夫であり、父であったのに。だから、急に介護者になったからと言って、すぐには泣けないんですよ。弱音なんか吐けないんですよ——。

こうした男性介護者たちが異口同音に口にするような、心身にまとわりついた「男たるもの」という社会規範と男性たちがいま直面している自身の生活課題との格闘場面を、「男性学」で知られる社会学者・伊藤公雄《いとうきみお》は早くから指摘していた。藤本さんが「はげましの会」の会長に就任したちょうどその頃、伊藤は『男性学入門』（1996年）を上梓し、「もっと群れよう、男たち！」と、「男縁」という〝男のネットワーク〟づくりを提案していた。私は、「新・男の修行」の提起として受け止めた。

「男の修行」は、コミュニケーションにも影を落としている。感情表現を抑制しなければならない、だからおしゃべりであってはならないのだ。「男は黙って」ビールを飲まないといけないのだ。伊藤は次のようなエピソードも紹介している。

〈男性中心の聴衆を相手にしゃべるのは、女性中心の場合と比べると、たいへんむずかしい。

というのも、聴いている側の反応が、どうにもつかめないことが多いからだ。女性中心の場合なら爆笑になるような、かなり刺激的な冗談を言っても男は少しも笑わない。うなずいたり、不満をもらしたりするような人も、まずいない。まるで〃お地蔵さん〃に向かってしゃべっているようなのだ。〉

〈では、女性たちはどうだろう。

企業で働いている人も、いわゆる専業主婦も、男性とくらべると、自己表現という点では、はるかにコミュニケーション能力にたけていると思う。男性にとっては「よくもまあ、こんなつまらないことをダラダラと」と思われるほど、とにかくよくしゃべることができる人が多い。〉

（伊藤前掲書）

「用件のみ」という男性の会話と、「気持ちを伝えたい」女性の会話。いわゆるレポート（事実報告）とラポート（感情表出）の違いだが、伊藤は必要なことはこの2つのコミュニケーション能力が共に発揮できるようにすることだとも言っている。要領よく過不足なく用件を伝えるだけでなく、取り乱し自分をさらけ出しながら「思い」を伝える、というこの2つの力が発揮し得る環境づくりが課題だ、と言う。

この課題を、私たち男性介護者が抱えている課題に引き付けて見れば、「介護者になったからと言って、すぐには泣けないんですよ！」と叫んだ男性の問題提起にも通じるものである。これまで無縁と思われてきた介護役割を担わざるを得なくなって戸惑う多くの男性介護者。そのコミュニケーション能力の豊富化の課題はどのような意味を持っているのだろうか。取り乱しながら、自己をさらけ出して、他人に助けを求める、というコミュニケーション能力の開発は、どのようなプログラムをもってすれば可能だろうか。私たちの男性介護者の会というネットワークは、この課題にどのように関われているのだろうか。「新・男の修行」ともいうべき、伊藤の言う「男縁」を紡ぐ役割を発揮し得ているのであろうか。本章ではこうしたネットワークの中で紡がれる関係性を「ケア・コミュニティ」と概念化して、先の「問い」すなわち「なぜ私は介護をするのか」に答えていこうと思う。

「愛の讃歌」を歌う理由

太田秀雄さんも、長く険しい千里の道を歩んできた一人だ。

「秀雄の燃える手で　昌子ちゃんを抱きしめて　ただ二人だけで生きていたいの」――2018年3月10日に、京都で開催された男性介護ネット9周年の記念イベント会場いっぱいに、シャンソン「愛の讃歌《さんか》」のメロディーに乗せて歌う太田さんの声が響き渡った。若い頃、うたごえ運動にも熱心に関わってきたという太田さんのこの歌は、これまでも幾度か聴いてきた。なぜ「愛の讃歌」を歌うようになったのか。その理由をじっくり聞いてみたくて、太田さんの自宅を訪ねたのは2017年12月のことだった。

太田さんは、東京で同じ職場で働く女性と知り合い、1962年に結婚した。3年後に念願の長男に恵まれたが、その子には出産時の医療事故で重い障害が残った。「息子の障害は私のせいじゃない」「医療ミスだと認めてほしい」。当時、誰にも勝算はないと諭された医療裁判だった。それでも妻は「私のせいではない」という一念だけで裁判に訴え、10年もかかってついには勝利した。しかし、太田さんが54歳、妻が52歳のとき、障害のある長男の養育を一手に背負ってきた妻が、病に侵された。若年性アルツハイマー病だった。そのとき太田さんは、障害のある子どもを育てる太田さんの暮らしを気にかけた実兄からの誘いもあって、東京から故郷の宮城県角田《かくだ》市に居を移していた。

認知症発症から5〜6年は、妻は自力で通院しながらなんとか平穏に暮らしていたが、徐々に認知症状は進行し重篤になっていった。買い物や台所の仕事がもう一人ではできなくなったちょうどその頃、太田さんは定年退職を迎えた。再就職のことや定年後の夢はあきらめ、妻と施設で暮らす長男の介護に専念しようと決意した。でも思うようにはいかなかった。朝から晩まで認知症の妻と2人だけの生活が続いた。仕事を続けていた頃にはさほど気にもならなかった妻の認知症に固有な言動にイラつき、ストレスは増大した。認知症という病のせいだとは分かっていても感情を抑えきれずに、ついには鬼のような顔をして怒りの介護が始まった、というのだ。

「おい」から「まあちゃん」に

鬼の顔をした怒りの介護は、妻から笑顔を奪い、症状をさらに悪化させていった。徘徊も始まり、そのうち回数が増え、時間も長くなり、ついには行方不明になった。2000年8月20日のこと。自宅から20キロ以上離れた隣町の警察署から発見の連絡が入ったときには、行方が分からなくなってからもう14時間が過ぎていた。妻は、警察の事情聴取に「実家の鎌《かま》倉《くら》に帰る」と言っていた。鬼の夫から逃れるように、真夏の炎天下を歩いて実家へ逃げ帰ろうとした妻を目の前にして太田さんは心を入れ替えた。「心のこもった介護をしよう」

太田さんがまず始めたのは、長く「おい」と言ってきた妻の呼び方を、その名前で呼ぶことだった。でも最初は恥ずかしくて、誰もいないところで、「昌子ちゃん」「まあちゃん」とこっそりと練習も重ねた。ストレス解消にと、妻と一緒に地元の合唱団にも入った。徐々に妻の顔にも笑顔が戻り、穏やかな暮らしも始まった。「愛の讃歌」は心のこもった介護をしようという、太田さんの決意の表明だった。

昌子さんは、私が太田さんを自宅に訪ねた1年後の2018年12月、彼岸に旅立った。傘寿を迎え、数年前にはギランバレー症候群という難病をも患い、体調万全とはいかないなかで、「愛の讃歌」を胸に介護を続けてきた太田さんの「夫」としての介護生活は終わっても、その後も長男の暮らす施設に足を運ぶ「父」太田さんの介護は続いていた。

太田さんは自身の体調不安はあるものの、その後も私たちとの交流は続いた。2018年3月の発足9周年記念式では、自身の介護をじっくり語っていただいた。その夜の飲食を伴った交流会の冒頭で、女子学生のピアノとサックスをバックに、あの「愛の讃歌」を朗々と披露してくれた。妻の介護、息子の介護を語った昼の講演に耳を傾けた後の歌声だけに、余計に胸に染みて目頭を押さえながら聴いた。

また今度、と京都でお会いするのを楽しみにしていた矢先、突然の訃報《ふほう》が届いた。2020年1月31日午後11時過ぎ、交通事故だった。享年83歳。ちょうどその日に、病に臥し帰らぬ人となった実弟の弔いに仙台に駆けつけた帰途での事故だったそうだ。年老いた兄弟が一緒に冥途《めいど》に旅立った。通い慣れた道だったが、「弟の死で、父も相当に動揺していたのでしょうか」と長女の直子さんは言った。直子さんには、私たちのイベントでの様子、いつも「愛の讃歌」を披露していただいて私たちの会にはなくてはならない人であったと伝え、ありし日に撮った写真や2018年3月の太田さんの講演の録画をお届けした。その後「父の講演の姿を見たことはなかったので、感無量です。法事で動画を使わせていただきます」との連絡があった。山あり谷ありの太田さんの人生は幕を閉じたが、私たちの記憶には今もしっかりと残っている。

「幸せな瞬間」に浸る場面

脳科学者の恩蔵絢子《おんぞうあやこ》は、その著『脳科学者の母が、認知症になる』（２０１８年）の一節で、母の介護に疲労困憊《こんぱい》し、不安な毎日でイライラも尽きないが、それでも幸せな瞬間に浸る場面もあると述べている。

〈たとえば、私が仕事帰りに夕飯の買い物をして、たくさんの荷物を腕に抱えて帰ってくると、母がこう言うこと。「絢ちゃん、すごい荷物ね。自分のお金は蓄えておかないとダメよ。ママとパパにちゃんと請求してね」私はとっくに三〇歳を超えていて、同居させてもらっているというのに、母はまだ私の面倒を見ようとしているのだ。〉

〈母と一緒で嫌なこともあるけれど、嬉しいこと、学べることがたくさんある。

認知症を見つめて暮らすという体験は、最初に思い描いていたような怖いだけの体験では全くなかった。そして、このように、理解力が衰えてなお、残っているものが、母が人生の中で大事にしてきたものなのではなかろうか？　と、私は母という人を新しく知りなおしている。〉

恩蔵の言う「幸せな瞬間」と同様のことを、私たちは「介護感情の両価性」として特段の関心を持って分析対象としてきた。介護はつらくて大変、できれば避けたいということばかりではないことを多くの男性介護者が語っている。前項の太田秀雄さんの「愛の讃歌」もそのような感情の発露かもしれないが、体験記『男性介護者100万人へのメッセージ』(2001年)に記された幾人かの男性介護者の声を拾ってみよう(年齢は執筆当時のまま)。

会社勤めの息子と二人三脚で在宅介護を続けているという兵庫県の男性(87歳)は「小生も息子もお互いに、介護するのはもう充分。ウンザリ。フラフラの状態です。神経がピリピリしているので、ホンの些細《ささい》なことで、毎日口争いが絶えません」「寂しくて、悲しくて、やるせない。(中略)これも定めかと、あきらめねばならないのかと愚痴っています」と記したそのすぐ後に「毎日の介護で心身ともに疲れていても、妻の微笑を見るとき、唯一慰められ、救いのように思えてなりません」と介護のつらさとは正反対の心境をも語っている。

東京のIさん(76歳)は、「私が時折り呼びかける言葉に偶《たま》に反応をしめし、妻の表情がゆるみます。その瞬間、私は、ほのぼのとした幸せな気持ちに浸り、救われます」。しかし「疎《うと》ましい葛藤が己れを支配するようになっていた」とも言い、後で悩み、苦しみ、自己嫌悪に打ちのめされたと記している。

週の大半はデイサービスとショートステイという妻と暮らす新潟県のMさん(77歳)も初めは「咎めては我を咎める繰り返し」、この時期が一番つらかったという。そして「家で私がトイレの後始末をやってやると『お父さんが一番いい人だね』と、何度も何度も言ってくれます。その言葉が私の励み」と書いた。

「ウンコ」で場が盛り上がる

こんな話もあった。「ウンコ」で場が盛り上がるというのだ。各地で男性介護者の会が盛んに開催されるようになったが、集いの参加者にウケるテーマは何か。このようなことをテーマにして開いたシンポジウムでの一押しの話題がウンコの話だった。自ら癌《がん》を抱えながら妻を介護していた堀本平さん（享年81歳、熊本県）が語ってくれた話だ。

〈最初は、固くなって話されますが、だんだん回を重ねるごとに、他人に話せない排泄の失敗とかの話でものすごく盛り上がることがあります。「排便の失敗や排尿の失敗をこれだけ笑いながら話せるのはここだけだ。友だちに話しても『それは大変だね。』と言ってくれるけれども、本当の大変さは介護した者でないと分からない。」という話がよく聞かれます。〉

（津止『ケアメン・コミュニティのマネジメント』）

そして、よくよく聞けば苦労だけではないウンコの効能もあるらしい。ウンコで集いが盛り上がる理由の一つがこれだ。

おむつ一つ取り換えるのも一苦労。慣れないために、慣れたとしても相手のあることなので大変だ。毎日ウンコとの格闘だ。ウンコまみれになっての介護だ。でもこんな話、ここでしか話せない。未経験者に聞かせたらただただ不愉快な気分にさせるだけだもの。でも嬉しいよね。便秘で数日苦しんだ後にやっと出た大量のウンコに出会ったときには。よかった、よかった！　とウンコを手に心底嬉しくなるから不思議だね。そうそう、泣けるよね――。こんな話で盛り上がるというのだった。

肝臓など幾つもの臓器の癌に侵され、それでも妻の介護が自分を支えてくれている、と笑顔で語っていた堀本さんだったが、2020年4月1日、帰らぬ人となった。私は、癌を抱えながらの堀本さんの壮絶介護を聞かせてほしいとインタビューの依頼をして、大学の春休暇に熊本に伺う予定でいたが、新型コロナウイルスの感染拡大に伴う外出自粛等々によって遠路の出張をあきらめていた。どうしたものやら、と気をもんでいたちょうどその頃、熊本から訃報が届き、愕然《がくぜん》とした。堀本さんご夫婦が表紙を飾った『認知症とわたしたち』（朝日新聞出版、2014年）を手に、無理をしてでもお話を聞きにいくべきだったのではないか、と取り戻すことのできない時間を今も悔やんでいる。

思わず泣けるエピソード

堀本さんとご一緒したシンポジウムでの井出里美《いでさとみ》さんの話も印象に残るものだった。井出さんは長野県御代田町《みよたまち》で同町の男性介護者の集いを支援している社会福祉協議会のケアマネジャーだ。

〈胃ろうで介護5の方を在宅でみているおじいちゃんがいる一方、徘徊で困ってしまったり、「夜間、トイレに起きて大変なんだよ」というような会話を傍らで聞いていますと、介護5の寝たきりの奥さんをみている人は「妻のそういう状態（徘徊とか、トイレ介助とか）を、何年も見たことがありません。私にとってはそのような状態は逆にうらやましいです」と話されます。こういうのが大切なのかなと思いました。そういうのを傍らで聞いていて「ああ、いいな」と思わず泣けてくるような場面もあります。こういう気付きは、私たちが支援できるものではなくて、介護者同士だからこそ言い合えるものかなと思って、傍らでそっと聞いています。〉

（津止前掲書）

もちろん介護のある暮らしはつらくて大変なことに違いない。しかし、介護するという行為そのものが丸ごと肯定されているような瞬間に立ち会った支援者が「思わず泣けてくる」というエピソードだ。確かに、介護は生き甲斐などときれいごとで済ませられるようなことではない。悲しくもあれば苦しくもある、とても負担の大きい日々に違いない。自由時間もままならず、家計負担も半端ではなくなり、うつろに沈む日も続くに違いない。でも、決してそればかりではないことを男性の介護体験は私たちに教えている。ささやかではあっても、傍《はた》から見ればそれも苦労の一つのような場面かもしれないが、介護がなければ気付きようもなかった日常だってあるということだ。ほのぼのとした幸せに浸り心が弾む瞬間も確かにあるのだ。

前出の恩蔵絢子は、母の感情が認知症になった今もなお「母らしさ」を保つように息づいていることに触れながら、感情は私たちが想像する以上に大事な役割を果たしているのではないか、感情の豊かさこそが私たちが生きるうえで決定的な役割を果たしているのではないか、と問う。

〈辛い状況だからといって、辛い感情だけが生じるわけではない。（中略）絶望的な状況の中で感じた小さな明るい感情が、のちのち、自分を支える力にまで育つのである。一つの出来事に、どれくらい多くの感情を感じることができるか、それはこの世の中を生き抜く一つの知性である。〉

（恩蔵前掲書）

母の中に残りなお更新されている小さな感情についての恩蔵の指摘は、多くの男性介護者が発している「つらくて大変、だけどそればかりではない」という揺れ動く介護感情や、介護することの肯定感と全く同様のことを言っているようだ。恩蔵が気付いた母の小さな明るい感情は、介護する夫や息子たちが語るつらさの中に生じる心安らぎ気持ちが弾むような感情とも通底する。人生を生き抜いていくための「知性」と恩蔵は言うが、彼らの知性を知性として共に育《はぐく》んでいくことができる社会の在りようこそが問われているのではないか、と思う。希望と絶望とが瞬時に往来するような両義的な感情を受け止めて支えることが可能な社会、揺れる気持ちをむしろ新たな関係性の形成の場や機会として支援する社会。これこそ人間の顔をした真の福祉社会ではないか、と思う。

それでも「介護すること」はつらい

男性たちが介護でつながる関係性を、本章では「ケア・コミュニティ」と総称して検討してきたが、その意義について指摘して本章のひとまずのまとめとしたい。

２０００年４月の介護保険制度の施行以降、地域にはそれまでとは次元を異にするような多様で豊富な介護資源が整備され、それを日々の介護に取り込みながらの暮らしが普通となった。それでも、特別養護老人ホームはその定員総数に匹敵するほどの待機者を抱え、介護をめぐる虐待や心中などの事件や家族間のいさかいも頻発している。介護を担う家族の苦労を、認知症の人と家族の会の代表を長らく務めた髙見国生さんは「家族の四つの苦しみ」と述べている。

〈認知症の人を介護する家族には四つの苦しみがある。

その第一は、二四時間気の休まるときのない介護で、心身ともに疲労に陥っていることで

ある。（中略）
第二は、家庭生活が混乱してしまうことである。（中略）
第三は、先行きに大きな不安を持っていることである。（中略）
第四は、身近に適切な相談機関や理解者がなく、孤立無援の思いに陥ることである。〉
（高見「介護家族を支える」）

男性介護者もまたこうした苦労から無縁ではなく、さらに加えて「男性」という重みを背負うことになる。多くの男性の場合、かつての高度経済成長期には「企業戦士」「モーレッツ社員」という言葉もあったように、仕事が生活のすべて、時間のすべてのような生活を長期にわたって余儀なくされてきた。いま介護者となっている中高年の男性の多くは、特に働き盛りのときその最中《さなか》にいた当事者だ。親や配偶者の介護が始まれば、仕事と介護の板ばさみになって、結局は離職に追い込まれる人も少なくない。むしろ多くの人がそのような不安を抱えながら暮らしているはずだ。介護による離職は、介護者の経済的安定を奪うばかりでなく、同僚や友人という男性の数少ない親しい関係性をも奪っていく。自治会・町内会、子ども会など、地域自治組織は主に自営業者や女性がその多くの任を担い、職住分離が進んだサラリーマン層は地域での縁や居場所の形成からは疎外されていた。地域での孤立は介護によってさらに拍車がかかり、虐待や心中、殺人など不幸な介護事件の温床としても深刻な影響が指摘されている。

戸惑うのは排泄や入浴、清拭、食事援助、移動介助などといった介護だけでない。これまでの暮らしや働き方を成り立たせていたシステムとの軋轢が、介護とともに一斉に噴き出してくる。介護はもちろんだが、慣れない家事にも戸惑い、仕事との両立は難航し、収入は減り出費はかさむという家計に苦しみ、離職となれば唯一と言える会社コミュニティとの接点も断たれて、24時間365日介護漬けの孤立した生活にもがく、という事態が立ちはだかっているということだ。「非日常化」された介護は、介護を担う者のこれまでの暮らしの定型を崩していく。彼らが長期にわたって培ってきた社会生活との接点をも奪い去っていく。本章との関連で言えば、コミュニティからの疎外、あるいはその喪失ということだが、ここにこそ介護に伴って表出する問題が潜んでいるのではないか。

この孤立への誘導を見通し、それを遮断《しゃだん》する対抗措置を構築していくという課題は、介護者の今を生き抜くための処方箋《しょほうせん》として特段の実践的意味を付加されることになる。こうした男性の介護環境のなかで、男性介護者の会や集いなどの「ケア・コミュニティ」はどのような役割を求められ、また果たしているのであろうか。

「ひとりじゃない！」という実感

「私は一人ではない。今も多くの方々が同じ思いを抱き妻や夫を、あるいは親を介護されているのだ、と勇気付けられた」と私たちの介護体験記第1集（2009年）に記して、男性介護ネットの発足を喜んでくれたのは愛媛県の永井功さん（執筆当時77歳）だった。永井さんが実感した「ひとりじゃない」ということの持つ意味はどのようなことだろうか。

家族会や介護者会などは、セルフヘルプグループや当事者組織と呼ばれ、その意義や役割については多くの実践や研究の蓄積がある分野だ。その知見を借りながら、私たちが「ケア・コミュニティ」と概念化している介護を縁としてつながる男性介護者の会や集いについての論を進めてみようと思う。

「呆け老人をかかえる家族の会」の発足に関わってきた医師・三宅貴夫は会発足に至った経緯を、新聞社が主催する「高齢者なんでも相談」での認知症家族の相談の様子から書き起こしている。相談を繰り返しているうちに、家族同士で集まって介護の苦労を語り合い、励まし合っていくような機会の意義を見出《みいだ》し、思いついたのが「呆け老人をかかえる家族の集い」であった。第1回の集いの参加者は、介護した者でなければ分からない悩みや苦しみを異口同音に吐露したという。

〈「集い」に参加した家族は、堰《せき》を切ったように介護のありさまを語り、互いにうなずき合い、さらに涙を流し、笑うなかで、日々うっ積していたものが、軽くなり、ある種の安堵感《あんどかん》のようなものを感じたようです。〉(三宅『ぼけ老人と家族をささえる』)

以降、こうした集まりを毎月開き、1980年1月の「呆け老人をかかえる家族の会」の発足を迎えるのであるが、話を聞いてくれたというだけで心が軽くなった、と参加者が言っていたことを三宅さんは記している。医師や看護師という専門的援助者はもちろん、地域にも苦労を分かち合う者も理解者もおらず、話す相手も聞いてくれる者もその場も皆無に等しかった時代の、認知症の人や家族が置かれていた状況を端的に示していると言えよう。

こうした同じ課題を抱えた当事者同士の感情交換の場が発揮する力を、これもまた家族の会の発足当初から専門的支援者の立場で関わっていた看護学者の中島紀恵子が「家族が〈看護の力〉をつける」として「日頃のうっ積を吐き出し」「老人と自分とのかかわりを第三者の目で点検され」「できれば、具体的な問題解決の方法をアドバイスされ」「さらに自分の奮発する心をよび起こす」源となっているとまとめていることが紹介されている(三宅編『ぼけ老人と家族への援助』)。また、認知症家族の「四つの苦しみ」と述べた髙見は、家族同士の交流が発揮する力の効果を次のように整理している(前掲論文)。

〈①同じ苦労をしている人がほかにも大勢いることを知る
②自分よりもっと大変な人がいることを知る

③認知症の人というのは、みんな同じようなことを言い、同じようなことをするのだということが分かる
④先輩の介護者から介護の知恵や工夫を学べる
⑤先輩の経験から認知症の進み方が予測でき見通しが立つ
⑥施設や各種サービスの情報や、それらを利用する際の知識が得られる〉
三宅はこうした家族同士の組織が発揮する力を総括して、家族の会の活動の柱を「家族同士の交流」「正しい知識と理解の普及」「社会的援助の充実を求める」としている。先の中島や髙見の指摘は、三宅の言う「家族同士の交流」が発揮する力であった。家族の会の組織化の思いに至った当初の動機は、家族同士の交流というすこぶるシンプルなものだったが、その交流が広がり集まって巨大な貯水池として成すエネルギーは、認知症に対する正しい知識や理解を促進するばかりでなく、社会を変えることにもつながり得る、いわば社会運動の原動力だと言っているようにも思える。三宅は「〔高齢者分野では初めての家族の会の結成は〕有吉佐和子の『恍惚の人』を凌ぐといってもよかろう」（三宅前掲書）と記したが、その後の家族の会が発揮している社会的政治的な影響力は今、彼が見通した通りになっている。

ただ、これらの声は確かに事実に依拠しているが、「家族同士の交流」という素朴な取り組みが巨大な「社会変革のエネルギー」とどう関連するか。その関連性は歴史貫通的なもの

ではあるにしても、必ずしもストレートにつながる関係ではないこともまた事実ではある。家族の会結成から40年以上が経過した今でも、こうした小さな「家族同士の交流」の場を意義あるものとして構築することの重要性に改めて注意を喚起したいのもそのためである。

ムダなおしゃべりも「案外悪くない」

ムダを省いて簡潔に要旨を整理し、場に即した体裁を整え主張を根拠づけるエビデンスも欠かさない。定められたテーマ一点に集中して合理的に議論する。ビジネスで鍛え抜かれた男性たちのトークの典型だろう。そこには主観が入る余地など少しもない。〝君、そんな情緒的な発言は困るよ〟、とすぐにも叱責される。一方、女性たちのテーブルはいつも賑《にぎ》やかで話題も豊富だ。感情豊かに交歓する彼女らのトークは現実の生活経験に根差している。「私」発なのだから当然限定的で特殊だが、その根拠は明瞭だ。他人の発言にも鷹揚《おうよう》だ。少々の意見の違いもすべて許容される。だって、それはあなたの真実だもの、と。終わったら即座にリセットされ、後に引きずらない。トコトンまで議論を尽くし、それでも得心できずに物別れ、ずっと後々までいさかいを引きずるような男性とはやはり違う。レポート（事実報告）の男性とラポート（感情表出）の女性と言われるが、確かにその違いは実感する。長きにわたって男性として生き、あるいは女性として生きてきた環境が作り上げてきた違いだろう。

男性介護者が増えたからといってもまだ3人に1人。介護者の多くは今でも女性が占めていることには変わりがない。だから、介護者組織が多数派の女性で賑わうのも当然だが、数的不均衡だけがそうさせているのではなく、コミュニケーション能力の獲得過程におけるそれぞれの置かれた環境の違いが関与しているのだ。私もそのことを痛感する機会には事欠かない。介護者の会でも、政治や時事など「我々」のことは話せるが、「私」発の感情表現が苦手で、女性たちを中心に交わされる会話の「カオス」に馴染めずに終始不機嫌そうにただ時間が過ぎ行くのを待っているような男性たちに時折出会う。でもそれは不機嫌ではない、ただ不慣れなだけなのだ。だから男性介護者の会や集いが切望され、社会の関心が集まるということなのだろう。

兵庫県伊丹市の社会福祉協議会が事務局を担っている男性介護者の会「きたいの会」の例会で聞いたのも同様のエピソードだった。

若年性認知症で失語症を患った妻を介護する50代の男性。治療や介護のアドバイスを求めて失語症の当事者組織に参加した。が、女性の介護者が多くを占めるその例会は彼の願いとは違って、認知症や失語症に関する情報以上に、メンバー間の近況や流行物の話題に孫の成長自慢など日常の些細な話題がとりとめもなく交わされる。忙しいなかせっかく時間を割いて出席したのに、一番欲しくて参加した本題の認知症や失語症に関する情報が「井戸端」の会話中に紛れ込んで交わされる。話すだけ話したあげくに、「あ、時間だ」といって中座する人も。彼が長らく過ごしてきた会社という「場」は合理的で効率的、果たすべき目標がクリアに設定された社会だったが、この会はそれとは違ってあまりに茫漠《ぼうばく》として達成感に乏しく、メンバーシップも不明確だ。イライラが募っていたときに、男性介護者のための会を知ってすぐに参加したという。「ああ、来てよかった！」、初めて会の例会に参加したときの印象はすべてこの一言に尽きると話した。この会は、１時間でも２時間でも、ずっと介護のことばかり、いい薬、いい施設、いい病院、いいケアマネの情報であふれているというのだ。しかも介護者の目線で発信されるので何よりも役に立つ。「これこそ自分が望んだ介護者の会だ」と話した。

「会に参加して半年になるけれど、私はメンバーのプライベートなことはあまり知らないんですよ」「あの人がどのような人で、何をしてきたのか、ほとんど知らないんだ」。そしてこう付け加えた。「介護一筋の話もいいけど、以前あれほど辟易《へきえき》した失語症の会の井戸端のような話題も悪くはない、と思うようになった」。必要な用件を交換するということと互いの気持ちを伝え合うということは両立するのだ。男性の介護者という立場を共通の話題としながら、徐々にプライバシーをも包み込む「オープンな関係性」を深めていきたいという欲求も生まれてくる。私のことをもっと知ってほしい、あなたのことだってもっと知りたい、というつながり欲求の深まりに違いない。

リスペクトし合える関係性

発達心理学者の鯨岡峻《くじらおかたかし》は、自己の内部に矛盾を抱えた者同士の引かれ合う関係性を、自己充実欲求と繋合《けいごう》希求性という概念で説明していて、なるほどと感心した（鯨岡『〈育てられる者〉から〈育てる者〉へ』）。自己充実欲求とは私が私であるために関心や課題が自身のベクトルに向かうことであり、繋合希求性とはその私が私であるためにも相手を尊重し相手とよりよい関係を築こうとする傾向性という。こうした欲求が私にも、そして相手にも「会という場」で同時に起こっているというのである。

関西のある例会で、お互いにリスペクトし合っている介護者に出会って、この互いに「引かれ合う」場の機能ということを改めて実感した。80代の高齢の夫は、50代の若いメンバーを指して、「彼は偉い。自分の若い頃は仕事ばかりで接待、接待で午前様の毎日。なのに、彼はこうして妻と一緒に会に来ている。若いのにようやっている」。50代の夫も言う。「あの方は凄い。自分はまだ若く体力もあるのでなんとか介護ができているけど、80歳になっても続けることができるかどうか。あの方を見ていると励まされる」。こうして、例会に集い対面での短い時間を過ごしながら、同じ介護する男性という仲間を鏡にして自身のこれまでの歩みを振り返りながら、これからの暮らしを見通そうとしているのだ。硬い殻に閉じ込められたかのような自身の介護に対する否定的な態度や旧態依然の考えも、こうした素朴な交流のなかで徐々に変容の過程に入っていくのだろう。弁証法の相互浸透とも言うべき、お互いに影響し合って心の奥底にまで浸み込んでいくような関係性である。介護するということは肯定され、介護のジェンダー規範も更新される、という変容への道程である。

自身の課題と外部環境とのタイミングが合わさって初めて殻を破って巣立っていくことを「啐啄同時《そったくどうじ》」という。鶏の雛《ひな》が卵から生まれ出ようとするとき、殻の中から卵の殻をつついて音を立てることを「啐」といい、そのとき同時に親鳥が外から殻をついばんで破ることを「啄」と言う。この「啐」と「啄」が同時になってはじめて、殻が破れて雛が生まれることだ。彼らのエピソードをこの言葉に重ねてみる。それぞれ自身の肌身と一体化してまとう頑丈な鎧《よろい》や兜《かぶと》を脱ぎ去る作業は案外と面倒で難しい。周りからの励ましやアドバイスも、あればいいというものでもないらしい。むしろ「言われるまでもない、分かっている」「余計なお世話だ」と言わんばかりに余計に内に籠ってしまうこともある。早すぎても、遅すぎても、強すぎても、弱すぎてもうまくはいかない。失語症の妻を介護する男性のように、回り道のようではあるが、内（自分）と外（他者や環境）のタイミングがあってこその気付きなのだ。

「頼りにされる」ということ

岐阜県大垣《おおがき》市の桐山淳さん（82歳）から頂いた写真付き旅行記に目を通しながら、桐山さんが以前語っていたことを思い出した。認知症の妻（77歳）との暮らしについてだった。

この年になってくるともう誰も期待していないけれども、ただ妻は私に期待してくれている。だから、2人でいかに楽しく生きていくのか、私の犠牲ではなく、そこに私の生き甲斐を見つけていくのが一番ではないかと思うようになった——。

桐山さん夫婦の北海道や信州への車椅子を伴っての少し長い旅行はこのような気持ちから始まった。年寄りを邪険に扱う世間とは違って、今も変わらず妻は自分を頼りにしている、だから気持ちが上がるというのだ。

東京の荒川オヤジの会の神達五月雄《かんだつさつお》さん（59歳）も似たようなことを話した。神達さんは、2019年に母を看取った後、いま知的障害のある弟と暮らしている。オヤジの会と出会ったのは、20年ほど前のこと。まだ神達さんは40歳の手前だった。そのときの例会の印象は「あ、場違いなところに来たな」だったという。例会のオヤジたちはみんな相当な年配者ばかりで、まだ30代の自分とは距離があった。でも、そのうち次第に馴染んでいくのだが、そのきっかけは、若い自分だからこそやれることがたくさんあったから、という。年配のオヤジたちにあれこれ「頼りにされて」、いまや副会長。自身も立派に還暦を迎える年になった。

このエピソードは、私たちのコミュニケーションの形成における「頼りにされる」ことの大切さを教えている。本書でも何度か指摘してきたように、介護する男性の葛藤には、男のプライドが邪魔をするような内なる「男らしさ」からくるもののほかに、男性社会という外的環境からの排除のようなものもある。介護で離職、家計の大黒柱としての地位を失い、周囲からは支援の対象になるような頼り甲斐のない弱い自分ということだ。自身の内と外の葛藤でもある。しかし、弱い自分への対処は一人では難しく、周囲の支えを必要とする。頼られる自分を取り戻す場、弱さを丸ごと肯定し自己肯定感を引き出してくれる人や場の存在だ。桐山さんにとっては認知症の妻が、神達さんにはオヤジの会が、その任を担っていた。人に頼りにされるということは、人を頼ることができる、ということでもあった。

「待つ」ということ

こんな話もある。男性介護者の会や集いの運営工夫についての男性介護ネットでのシンポジウムでのこと。会や集いでなかなか話が弾まない、どうしたらいいのか、との質問に対して、パネリストの一人として登壇していた堀本平さんはこう答えた。

〈いったん集いに参加されると、しゃべりすぎるくらいしゃべられます。（中略）自己紹介で「2～3分でお願いします」と言うのに、延々としゃべられる方がおられます。グループ分けして話したら、切りなく話されます。だから、まず参加していただくことが一番大事ではないかと思っております。〉（津止『ケアメン・コミュニティのマネジメント』）

話を聞いてほしい、という欲求は誰もが持っている。でも誰もが上手に口にすることができることではない。本人が話したくなるまで「待つ」ことだ。だから、「その場」にいてもらうことが何より大事なのだ、と言っている。ひと頃大流行した「ワークショップ」の運営に散見されたような、参加者の発言を強要するという強引なやり方ではなく、じっくり機が熟するのを「待つ」ということが鍵《かぎ》なのだ。まずは誰かの話にしっかり耳を傾けること、そのうち「そうだそうだ。その通り」という共感や「いやいや、それは違う」という反論したくなる気持ちが刺激される。そして自身の経験や意見を誰かに聞いてもらいたくなる、話してみたくなる衝動が生まれる、というグループワークのダイナミズムだ。岩田泰夫がセルフヘルプグループでの体験談の要素の一つに「自分が思わず主体的に話す」ことを挙げているのも、集いの場で交わされる仲間の語りに呼応して語る欲求が湧き上がるかのような衝動を言っているのだろう。メンバー一人ひとりの「私」発のトークが、「私」を超えて社会化する瞬間である。

メンバー間に起こるこうした相互作用の効用は、とても自分自身の力だけで成し得るようなものでもなく、一つひとつの課題を紐解《ひもと》く作業を一緒に手伝う仲間の力を借りながらすることに違いない。先に記してきた「今だ！」というようなタイミングは、その場にいる者たちによって暗黙のうちに認知されるのだ。伝えようとすることとその気持ちが十分に発酵するまで待つ。こうした無意識の深い配慮は、介護者のコミュニティが自生的に備えている環境ではないか、と思う。

「男らしさの競演」か？

「ケア・コミュニティ」を新しい「男の修行」の実践的な舞台装置にしよう、という私たちの試行錯誤の方針はこうして生まれてきた。『介護する息子たち』など息子介護の研究で知られる平山亮《ひらやまりょう》は、その書で、男性介護者のネットワークを「介護を土俵とした『男らしさ』の競演《パフォーマンス》」として批判的に分析している。男性介護者の会や集いで、困難を語り合うことは互いの強さを披露し認め合うことに転換される。このことは男性優位のジェンダー規範の維持・再生産ではないか、という批判だ。

言うまでもないことだが、ジェンダー規範を内面化して葛藤する男性の介護者という課題を共有するこのような活動は、介護者の抱えるすべての課題を包摂し得るような万能なものではない。この活動に馴染まない、あるいはネットワークが対応し得ない介護者も少なくない。むしろ組織化の到達からすれば絶対数では対応し得ていない人たちが圧倒的多数ではある。男性介護者も一枚岩ではなく、夫もいれば息子もいるという、年齢も続柄も、介護者となるに至った経緯も生活環境も、それゆえ抱える介護課題もひとくくりにできるものではなく、実に多様な存在に違いない。

ただ、このように多様だからということと、この時代を生きる男性介護者の「典型」を見定めることはできないということとは全く違うのではないか、とも思う。私たちがこのネットワークの取り組みを通して伝えようとしたのは、男性介護者のこの時代の「典型」をどのように捉えるか、ということであった。「典型」とは一般には同類の中にある特徴的なことや代表性を言うが、ここでは未来への懸け橋ともなるもの、あるいはこの分野の普遍性へのアクセスを可能とする役割を担うものという意味で使っている。私たちがこの活動のなかで捉えようとしてきたこの時代の男性介護者の「典型」とは、その肌身にまとわりついた旧態依然の社会規範を引きずりながらも、仲間を支え、仲間に支えられながら「気がつけば」自己変容、社会変容の場に身を置いている弱くも脆《もろ》くもある男性介護者たちをイメージしている。それゆえ、「男らしさ」の変容を可能にしていく舞台に介護者のコミュニティが肯定的に機能しうるかどうか、そのための課題はどのようなことだろうか、という問いにこそ生産的な意味があると考えているのだ。

思いも寄らぬ家族の介護で少しつまずきかけていることではシンパシーのある「弱さ」を潜ませたメンバーたちの集まりだ。その相互作用こそが、コミュニティの内実だ。「弱さ」を自覚している人もいれば無自覚な人もいる、受容している人もいれば頑《かたく》なに拒んでいる人もいる。だから厄介なのだ。面倒なのだ。本書５〜６頁の「失敗談も『武勇伝』になった」で紹介したような、失敗をいったんは「武勇伝」に反転させながら改めてその失敗に向き合うという、男たちの弱さの肯定作業に見る厄介さや面倒さを言いたいのだ。

平山の言う「男らしさの競演」とは、このような面倒な弱さの肯定作業の裏返しのことなのかもしれない。社会学者の田中俊之《たなかとしゆき》は、男性が「男らしさ」を発揮するための方法は２つあるとして、一つは達成を、そしてもう一つに「逸脱」を挙げている（田中『男がつらいよ』）。介護者が語る「武勇伝」はこの「逸脱」に近いのかもしれないが、ただ彼らの「武勇伝」にはいつもユーモアやペーソスがあるという一点で救われる。田中の言う「逸脱」との決定的な違いのように思う。

この面倒な作業はどのような意味を持っているのだろうか。私は、この面倒な作業や費やされる時間を、ただムダで不要なものだと思う時期もあったのだが、今ではもうそんなことは微塵《みじん》も感じなくなった。もつれた糸を無心になって丁寧に一つ一つほぐしていくような作業にも、ギンギンに凍結された食材を時間をかけゆっくりじっくり溶かしていくような時間にもよく似た、必要で不可欠なものと思うようになった。しかも、この作業や時間は一人で向き合っていくにはとても煩雑で孤独なものだ。だから同伴して作業をし時間を過ごしてくれる同じ立場の、そして理解あるよき仲間の存在が不可欠となるのだ。男性介護者の会や集いに関わっている多くの女性たちの存在もそうした同伴者としてしっかり位置づいている。

だから、面倒さをショートカット（回避）しないで、みんなの力を借りながら共に「潜り抜けて」いくという作業を続けることを大事にしたいと思うのである。

弱さに向き合えない「弱さ」

男の弱さとは自分の弱さに向き合えないという実に面倒な弱さである、と述べる批評家・杉田《すぎた》俊介《しゅんすけ》の次のような指摘は、まさしく私たち男性介護者に向けてのものではないか、と受け止めた。少し長くなるが引用して紹介する。

〈男性たちには、自分の弱さを語るための言葉や場所がない。愚痴や弱音をちゃんと言葉にして、自分の弱さを認めて、誰かに受け止めてもらえるような場所がない。〉

〈必要なのは、誰かの隣りで、他者に寄り添われながら、自らの男性性を内省的＝身体的に問い直していくことであり、そして、必ずしも「男らしく」は生きられない男たちがそれでも生きていくための言葉を探し求めることではないか。

そもそも、自分を変えていくとは、誰かと変え合うことであるからだ。〉
〈ケアの経験を日々生きること、生きさせられてしまうことは、男性たちにとって、「男であること」の別の道や複数的な可能性――たとえば「男らしくない男たち」の可能性――を見つめ直し、取り返していくための、貴重なチャンスになりうるかもしれないのだ。〉
（杉田『非モテの品格』）

私たち男性介護者のネットワークの存在意義を、この若い批評家はストレートに指摘している。私たちの実践は、いわゆる〝メンズ・リブ〟に参加するような意識高い系の自覚的グループではない。むしろそれとは正反対な社会規範たる強くたくましくある「男らしさ」を深く内面化し、その規範に縛られ葛藤を深めていると思われるような男性たちのコミュニティである。介護役割が「否応なし」に割り振られ、その課題に直面せざるを得なくなって戸惑っている男性たちである。介護するということに直面したネットワークのメンバーが、どのように自己変容を遂げていくのか、そしてもっと大きくは社会変容との接点はどこにあるのか、という視点で見れば、どのようなことが言えるのだろうか。〝メンズ・リブ〟とは違って、とても緩くも弱くもある男性介護者たちの小さな実践の意味が問われていることであるが、この「問い」を立てることによって、男性たちの「ケア・コミュニティ」の発揮する機能やその社会的意義もおのずと鮮明になるのではないか。「もっと群れよう、男たち！」

と題した本章は、私たちなりに辿り着いたその「問い」への実践的な解ともなっている。

「気がついたら」助けてと言っていた

本章の冒頭で、「介護者になったからと言って、すぐには泣けないんですよ」という男性の声を紹介した。感情的にならずに、論理的な思考で、分析的、沈着冷静に状況に対処することを叩き込まれて生きてきたのだから、という。用件伝達には長《た》けていても、気持ちを伝えることは不得手な男性の声である。

こういう声を聞くと、幾ばくかの熱心な支援者や支援機関は、がぜん張り切って介護者をサポートするための教育プログラムを考えてみたくなるはずだ。SOSの発信の仕方とか、弱音のサインの方法とか、該当者の援助希求能力を高めて不幸な事件防止のワークショップ・ロールプレイなどの演習技法やシートの開発、映像資料の作成等々。熱心な支援者や機関であればあるほどに微に入り細に入り懇切丁寧に手ほどきしていくような実践ツールの開発を想起しがちではないか。地域福祉実践に長く身を置いてはきたが優秀とは程遠かった私でも、そうしたことに思いが至っているに違いないと思うからだ。頻発する子どもたちの自殺対策として、「SOSの出し方教育」なるものが始まっていると知って、すぐに上記のようなことを想起した。薬物依存症などの臨床に深く関わってきた医師の松本俊彦《まつもととしひこ》はこの「S

OSの出し方教育」について、次のように批判している。

〈こういう教育をしたのだからその結果を出さなければいけない、結果を出せない人は訓練や努力が足りないという話になりかねない。私は「これも違う」と思ったのです。つまり、SOSが出せない人には、出せない事情があるのではないか。「出せ、出せ」というのは無理なのではないか。〉（松本編『「助けて」が言えない』）

ここで松本が「これも違う」と言っているのは、これまで自殺予防に関して学校で取り組まれてきた道徳教育「命の大切さを教える」に絡めてのことである。これまで大切にされてこなかった人たちに対して、今さら命の大切さを教えるなんて嫌がらせ以外の何物でもない、と批判しながら、この「SOSの出し方教育」も同様に「違う」ということである。思春期の男子支援やヘルスプロモーションの推進に尽力する医師岩室紳也《いわむろしんや》も松本との対談で次のように言う。

〈自殺予防にかかわる中でも、「悩んだら、相談してね」という言葉に違和感がありました。私は困った時に他者に相談したことがなかったからです。気がついたら、周りから答えになるものをもらっていたのは事実だし、自分の助けになる誰かにつないでもらっていたことも事実です。でもそれは、知らぬ間に答えをもらったり、つないでもらったりしていただけなのです。〉

〈私が言いたいのは、実は「助けて」と言えないうちに助けてもらっている関係ができあがっていることが重要ではないかということです。つまり、気がついたらつながっている関係性、依存先の存在が大事だと思うのです。〉（松本前掲書）

松本や岩室は、援助を求めることができない人や不得手の人たちが「助けて」と発することを無条件に支持し肯定することができる専門家や支援者、社会制度、社会規範という、本人と接点を持つ社会環境の感度こそが重要だと述べている。岩室の言うところの、「気がついたら」助けてと言っていた、助けられていたという関係性は、自己をさらけ出し弱音を吐くことに躊躇し「助けて」が言えずに煩悶する男性介護者の支援の在り方についても大いに示唆される。

仕事中心、経済優先の文化で長らく過ごしてきた男性が、これまでの鎧兜を脱ぎ去って家族のケアを担うという新しい文化を我が物としていく作業とは、このような場の力を借りながら、「気がつけば」家族の介護を引き受けつつ生きることへの肯定感を引き出していくということなのではないか。私はそう思っている。

ゆるやかにつながる

全国でも極めて自殺率の低い「自殺希少地域」と言われる徳島県の旧海部町《かいふちょう》（現海陽町《かいようちょう》）

をフィールドにして自殺予防因子の研究に取り組んだ岡檀《おかまゆみ》は、その因子として「いろんな人がいてもよい、いろんな人がいたほうがよい」「人物本位主義をつらぬく」「どうせ自分なんて、と考えない」「『病』は市《いち》に出せ」「ゆるやかにつながる」を析出した（岡『生き心地の良い町』）。そのすべてを紹介することは差し控えるが、病とは単なる病気のことだけではなく、仕事、家計、家庭内のいざこざなど生活上のあらゆる問題を意味する。おかしいと思ったら隠さずにすぐにオープンにせよ、そうすれば四方八方から対処法の情報が入ってくるというのだ。オープンにすることを可能としていることの一つが、少し逆説的だがゆるやかなつながりだという。古い地域にありがちな地縁血縁で固められた濃密な人間関係ではなく、出自や資産、年齢、学歴などではなく人物本位でリーダーを選び出し、いろんな人がいることを容認する自己肯定感の高い住民たちが作り出す関係性を言っている。

介護者同士がつながることの意義という私たちの課題との関係で特に印象に残ったのは、『病』は市に出せ」「ゆるやかにつながる」という因子である。岡は、その因子が単なる格言・言葉としてあるのではなく、その地域に埋め込まれ住民の生活態度として深く根付いていることを、近隣自治体の中で最も高い同町のうつ病の受診率を例に取り上げている。

〈「あんた、うつになっとんと違うん」と、隣人に対し面と向かって指摘する海部町の話を他の地域で紹介すると、いつも小さなどよめきが起こる。特に自殺多発地域であるA町での反応は大きかった。うつに対し偏見の強いこの地域では、うつについてオープンに話し合うような状況はほとんどなく、まして本人に直接指摘することなどありえないという。〉

（岡『生き心地の良い町』）

これは、『病』を市に出す」ということを本人の側に求めるのではなく、その思いを引き出す力を備えた本人を取り巻く環境のことを指摘しているのだ。うつ病への偏見を持つことも、精神科の受診をあってはならない恥ずかしいことと思うこととも、うつ病の発症原因を本人の内部にのみ求めたがるような疾病観とも無縁な、この地域の環境がなせるSOSを引き出す業《わざ》である。弱音を吐いても大丈夫だよ、という非言語的メッセージを発信し続けている地域住民の振る舞い方こそ、「自殺希少地域」という実態をなしている基盤なのではないか。これは同じ立場にある者同士との出会いと語らいのなかで、固く閉じた殻が徐々に溶け出して思わず本音を吐露する男性介護者たちの声にも重なってくる。

誰かに聞いてほしい

2010年11月26日の夜9時過ぎ、作業のため大学の研究室に籠っていたら電話が鳴った。私の第2研究室に事務局を置いた男性介護ネットの電話だ。その子機が私の研究室デスクにあるので、いざという時にはなんとか対応できるようにしている。受話器を取ると、福岡県北九州市の男性からの訴えがあった。「さっき、母親に手をあげてしまった。またただ。これじゃだめだと思って、切羽詰まって、思い余って、ここに電話をした。罪悪感でいっぱいだ」

男性は、認知症を患う87歳の母親と2人で暮らす60歳。父はその年の5月に入所先の特別養護老人ホームで亡くなった。母の認知症は進行し、息子の自分を弟と思っている。夜の排泄の失敗もある。母親が介護保険料を滞納していたために介護サービスを利用しようにも利用料が高くて利用することができない――。30分ほど彼の話にただ耳を傾けていた。このとき私は56歳、特養ホームで暮らしていた母は86歳だった。私も彼も同世代で共に老いた母親を持つ身、とても遠い他人事とは思えなかった。先の九州ブロックに参加していた北九州市の社会福祉士を思い出して、連絡を取るようにすすめた。社会福祉士にもこの話を伝えて対応いただきたい旨お願いした。

地元新聞に掲載された男性介護ネット九州ブロックが主催する初めての交流の集いの予告記事にあった連絡先を頼りに電話したのだという。集いは、11月20日に福岡市で開催され、予告記事は10月30日に掲載された。集いへの参加は叶わなかったが、ほぼ1か月の間大事に取っていた記事だという。「誰でもいい。誰かに聞いてほしい」と藁《わら》にもすがる思いでの電話だったに違いない。

彼と同じような思いを綴った男性がいる。「50代独身男の介護奮闘記」をサブタイトルとする『母さん、ごめん。』（２０１７年）の著者、松浦晋也《まつうらしんや》さんだ。松浦さんは著書の中で、介護に疲れ、ついに母親に手をあげた日のことを赤裸々に綴っている。

〈悪魔のささやきという言葉があるが、このような精神状態の場合、間違いなく悪魔とは自分だ。そのささやきは、ストレスで精神がきしむ音なのだ。〉

〈気がつくと私は、母の頬を平手打ちしていた。〉

〈自分を止めるに止められず、私は母の頬を打ち続けた。

我に返ったのは、血が滴《したた》ったからだ。母が口の中を切ったのである。〉

松浦さんは、すぐにドイツにいる妹に連絡を取った。妹とは遠く離れているが、毎日曜日に定期的にスカイプ（Skype）での交流があって、母親に孫たちの顔を見せていた。ちょうどこの日が日曜日だったのだ。誰かに話さなくては自分がおかしくなってしまいそうでたまらない、話すことで再発を防がねばならないという意志もあった、と彼は書いている。

事情を聞いた妹から連絡を受け、翌日に駆けつけてきた地元のケアマネジャーは「よくここまで頑張られたと思います」と声をかけてくれた。よく頑張った——。たとえそれが暴力を犯した介護者へのマニュアル化された対応だったとしてもとても心に染みた、と松浦さんは述懐している。

傍らで寄り添う友

誰かに聞いてほしい、という北九州市の男性や松浦さんの声を綴っているうちに、どうしても記しておきたくなったエピソードがある。

京都市で開かれた認知症の妻とその夫の暮らしを追ったドキュメンタリー映画『妻の病』（伊勢真一《いせしんいち》監督）の上映会および監督とのトークイベントでのことだ（２０１６年12月10日）。「認知症介護指導者大府《おおぶ》ネットワーク」が主催したイベントだったが、私も「男性介護者と社会情勢」をテーマに演者として招待された。

映画の舞台は、高知県南国《なんこく》市。登場するのは、小児科クリニックを開業する石本紘市さんと、レビー小体型認知症と診断されている妻の弥生さん。ともに60歳代だ。映画のタイトルが『妻の病―レビー小体型認知症―』であるだけに、ハードな介護の日々が描かれていると想像していたが、監督の狙いは違った。

カメラは２人の日常の風景を追う。食事、ドライブ、散歩、墓参りに誕生会。紘市さんの、仕事中に見せる医師としての顔。一方で、介護の負担が原因でうつ病を発症し、一時は夫婦別居も余儀なくされた男性介護者としての顔。そして、弥生さんの不安と恐怖と安堵の表情。

認知症が進行し、弥生さんは身の回りのことがほとんど何もできない。しかし、映画は、介護を「する人」と「される人」という二分法ではとてもくくれない豊潤な暮らしを発見し、肯定する。

「死ぬまで明るく。まじめすぎるとうつになる。（中略）ユーモアで心の体操を。いろいろありがとう」

弥生さんが記したメッセージを読んだ紘市さんは言う。「すごいよね。完璧《かんぺき》にぼくの本質を捉えているよ」「ぼくが彼女を見ているようで、彼女はぼくのことを鋭く見ているわけよね」

健康なときには気付かなくて、病気になってから初めて分かる本質がある。沈む日もあれば、心弾む日もある。介護のある暮らしも、世間が言うほどつらいことばかりでもないという監督のメッセージが、静かに深く心に染みるシーンだ。

ただ、留意したいのは、介護のある暮らしはつらいことばかりではないということは、つらくないわけではないということだ。紘市さんのように、家族の介護が原因でうつ病になる人は珍しくない。介護者の半数以上がうつ症状を経験しているとの報告もある。医師という対人援助の専門家としてトレーニングを積んできた紘市さんでも、家族を介護するとなると事情はすっかり違ってくる。トレーニングを積んでいない人が、より多くの困難にぶつかりやすいのは容易に理解できるだろう。介護者は被介護者から四六時中目が離せず、自由な時間が全くなくなり、疲弊していく。一家の大黒柱であるという自負は、過剰な責任感を呼び込む。弱音を吐かず、誰にも頼らず、一人ですべてを抱え込み、葛藤を深めてしまうのだ。

映画『妻の病』の話に戻る。上映会に続いて、伊勢真一監督と認知症介護指導者の川手照《かわてて》子《こ》さんと私による鼎談《ていだん》の時間があった。私は伊勢監督にぜひ聞いてみたいことがあった。

映画は石本さん夫婦の日常を写し取り、2人の会話を包み隠さず拾っていく。時折、相槌《あいづち》を打つように、紘市さんの言葉におうむ返しで応えるスタッフの声も入っていた。「あの声は監督ですか？」

やはりそうだった。伊勢監督が当時を振り返る。「カメラマンの傍らにいる私は何もすることがないので、ただひたすら話を聞くことしかできない。何も言わずに、聞かずに、彼が話すことにただ耳を傾けるだけ。ドキュメンタリー手法としては主流ではないと思うけど、介護とよく似ているよね」

診察室では確かな治療に従事する紘市さんが、カメラの前では幾度となく涙を流し、弱音を吐き、愚痴をこぼす。それは、胸の奥底にため込んでいると、いつか爆発し不幸な介護事件の温床となってしまう類《たぐ》いのものに違いない。「弱くたっていいんだよ」と、彼の傍らで話を聞き見守るのが、監督のもう一つの役回りだった。

監督は、この映画は長く介護生活を送る石本さん夫妻へのエールだとも語っていた。あなたの代わりはできないけれど、あなたを気遣う私がここにいる――。映画『妻の病』は、映画監督・伊勢真一の、長く介護を続けている友人への支援のあり方を記録したドキュメンタリーでもあったのだ。

介護と聞けばすぐにもあの人、この人のことが思い浮かび、胸の動悸《どうき》が速くなる――。そんな思いに駆られる人が増えている今の時代、誰にでもできる大事なことがある。ただひたすらに傍らで寄り添う友になることだ。何も言わなくてもいい、しなくてもいい、ただそばにいるだけでいい。それはどのような権威ある専門的な支援にも代えがたい支えになるときだってあるのだ。

新しい「修行の場」

苦しいこと、言いたいこと、不満なこと、腹の立つこと、泣きたいこと、これらをじっとこらえてゆくのが「男の修行」だと言った山本五十六の言葉を、本章冒頭で紹介した。感情的にならずに、冷静に我慢強く思いを内に秘めて黙々と難題に立ち向かっていくという教えを、「男らしさ」の極みのようにも受け取り、「その時」に備えてコツコツと準備を重ねてきた人も少なくない、と思う。そしてその通りに願いを成就した人もいれば、その重みに耐えかねて断念した人もいるに違いない。

仮に、こうした「男の修行」が介護というこれまでの男性の生きてきた環境に蔓延したジェンダー規範や、男性が長きにわたって馴染んで身体化した男性文化に潜んでいる、介護という生活行為との相性の悪さをさらに加速度的に悪化させるというのであれば一大事である。先に紹介した杉田俊介は「男性たちには、自分の弱さを語るための言葉や場所がない。愚痴や弱音をちゃんと言葉にして、自分の弱さを認めて、誰かに受け止めてもらえるような場所がない」ことを、課題として指摘している。我田引水だが、私たちネットワークへのエールを送ってくれているかのようにも聞こえてきた。

だから、私たちは改めて、こう言おうと思う。恥ずかしがらずに、我慢しないで、大声上げて泣いても、助けを求めてもいいんだよ。でも、だからと言って、決して無理はしないでほしい。ＳＯＳを出せないことを罪深く思わないでほしい。あなたが「思わず」話したくなる衝動が生まれるまでじっくり待っている仲間が大勢いることも知ってほしい。「気がつけば助けられていた」でいい。そして、あなたのことを気遣っている友人や知人、同僚、支援者をもっと頼りにしてほしい。

これが、いま大介護の時代を生きる課題を背負った私たちの「男の修行」ではないか。夫や息子たちという立場を同じくする介護者同士のネットワークは、他者を鏡としながらこれまでの自身の介護を振り返り、共に支え合う「場」を自己組織的に生成しようとしている。

回り道のようではあるが、ジェンダー平等に向かう道程は、同伴者に支えられながら、そして同時に同伴者の支えになりながら、行きつ戻りつしながら、進んでいく道に違いない。伊藤公雄は「もっと群れよう、男たち！」と檄《げき》を飛ばしているが、男性介護者の「ケア・コミュニティ」はその修行の場でもあるのだ。

終章　介護のある暮らしを社会の標準に

相互依存に包まれた暮らし

本書の結びに、介護するということ、されるということは人間社会においてどのような意味を持っているかについて考えてみようと思う。このことは、介護する家族の会や集いなどのケア・コミュニティの評価にも関わるテーマでもある。介護は、この社会にとって必要悪やお荷物かのような扱いを受けている。人間社会のデザインからはあってはならないことと、傍流に追いやられ、周辺化された特殊な世界のことではないかという理解に依拠すれば、私たちのケア・コミュニティにもそうした全くのネガティブな評価が付きまとうであろう。そうではなく、樋口恵子さんが男性介護者と支援者の全国ネットワークの発会式に寄せた「介護することは人間の証明です」というメッセージのような人間社会の普遍性ともいうべきものであれば、ケア・コミュニティこそが人間社会の最もあるべき普遍的な姿を何よりも早く先取りして具現化したものとして評価されてもいいのではないか、とも思う。

「いまの社会では人のお世話にならないで、一人前に暮らしておるものはどこをどう尋ねたって一人もない。この意味からして皆不完全なものばかりである」——今から100年以上も前に夏目漱石《なつめそうせき》が兵庫県明石市《あかし》で行った講演会の一節である（「道楽と職業」1911年）。漱石によれば、人がすべて自給自足で生活し、あらゆる生活知識を備えて暮らすことなど、あの野蛮時代でもない限り、無理な話だと言っているのだ。依存的社会の登場を、この日本社会の近代化の際にすでに見通している漱石の慧眼である。まど・みちおの詩「朝がくると」も漱石と同様のことを言っている。

朝がくると　とび起きて
ぼくが作ったのでもない
水道で　顔をあらうと
ぼくが作ったのでもない
洋服を　きて
ぼくが作ったのでもない

ごはんを　むしゃむしゃたべる
それから　ぼくが作ったのでもない
本やノートを
ぼくが作ったのでもない
ランドセルに　つめて
せなかに　しょって
さて　ぼくが作ったのでもない
靴を　はくと
たったか　たったか　でかけていく
（以下略）

「ぼく」が言うように確かにみんな誰かの労働の果実に依存しながら暮らしているのであるが、そのことが気付きにくく実感することが難しいという、私たちが暮らす社会の特徴を余すところなく描き出している。

こうした、「人と人の」「人と環境の」尽きない支え合いがこの社会の本質的な存立条件なのである。だが、この依存の関係性は、物々交換で暮らしが賄われていた時代とは違って、いま私たちが暮らす市場化社会では、すべてが労働と貨幣を媒介にして展開される。かつての顔と顔の見える人称的な人と人の関係が、モノとモノの関係に還元され、日常平時の社会では完全に不可視化し、匿名的な関係が一般化する（齋藤純一編著『福祉国家／社会的連帯の理由』）。あふれる商品関係に囲まれ、学校や水道や道路という「社会的共通資本」に依存し支えられながらの生活が一般化するのだ。

「ぼく」はしっかりと気付いてしまったのだが、私たちの多くは、誰に依存することもなく、あたかも自分一人の力で生きているかのような錯覚を起こしているようだ。労働の対価としての貨幣を媒介として、商品の購入や社会の共有財産を利用しながら毎日の生を享受しているのではないか。だが、日常の暮らしではこの依存性を実感することはまずほとんどない。いま着ている衣服は誰の手によって作られたのだろうか、この料理は、食材は、食器は、などということを、誰も気に留めることもなく毎日を淡々と過ごしていく。

だが、その暮らしが一変するときがある。あの、阪神《はんしん》・淡路《あわじ》大震災（1995年）や東日本大震災・福島第一原子力発電所メルトダウン（2011年）、そして新型コロナウイルス感染症のパンデミック（2020年〜）という大災害時では、これまで実感をもって感じることのなかった人と人との関係性が一挙に可視化された。大災害の際は、道路・交通・流通・通信・役所などの社会的共有機能が壊滅的な打撃を受け、食料や日用品、電気・ガス・水道の供給が断たれ、１日の生活の維持すらも不可能と思えるような極限の状況を作り出した。他者に依存せずに自分一人の力で営んできたかのような私たちの日常は、実は地球の裏側に住む人たちも含めて無数の他者の労働の果実によって成り立っているという、当然と言えば当然の現実に直面せざるを得なかったのだ。

コロナ禍での気付き

新型コロナウイルスの感染拡大での休業や外出自粛を余儀なくされた毎日は、私たちの暮らすこの社会とは、概念化された単なる記号や標識ではなく、実に濃密でかつ複雑に人と人が編み込まれた関係性の実態そのものだったことを誰の目にも分かるように教えてくれた。もうこれまでのような暮らしには戻ることはできないのではないか。不安は募るばかりだが、では、これまでの暮らしとはどのようなものか。あえて具体名を出すなら、私自身も、ユニクロの服を着て、アマゾンにネット注文し、クロネコヤマトの宅急便で受け取っている。通勤はトヨタのハイブリッド車だ。品揃え豊富、早くて価格も安心。普段は深くも考えずに当たり前のように物やシステムに囲まれている。

作業間、ライン間、工程間でのムダを排除する手法や技法、それがトヨタの誇る生産管理方式「ジャスト・イン・タイム（ＪＩＴ）」だが、かつて「カンバン方式」とも言われたＪ

ITは今やグローバル経済の共通思想となった。何を、いつ、どこに、どれだけ、どういう順序で生産し、運搬するか。決められた時間と場所に必要な部品・人員を瞬時に！ これまでの暮らしとは、こうした思想の上に成り立っているのではないか。

ユニクロ等々だけでない。政策が求める医療や介護の現場のことでもある。一分《いちぶ》のムダのない体制、100％の稼働で経営が成り立つ現場、「ゆとり」は「ムダ」の別称で、絶対のタブーだ。命と暮らしのセーフティーネットが「コスト」として叩かれることだって当たり前のようにある。ん？ デジャビュ（既視感）？ 突然、ずいぶん前に読んだ『働かないアリに意義がある』（長谷川英祐《はせがわえいすけ》著）のことが浮かんだ。働きアリの7割はボーッとしていて、1割は一生働かない。しかし、この働かないアリがいるからこそアリ社会は存続できる、という。

人間社会でも、平時は機能しなくてもいい、むしろ出番のないほうがいいとさえ世間に公認されている領域もある。たとえば、この世に戦争や紛争などないほうがいいに決まっていると誰もが思っているが、それでも、いざという時の備えになるからこそ、軍隊などは認知されているのだろう。医療や介護の現場は、今や日常生活にも不可欠、さらに今回のような感染爆発には平時にもまして社会的要請が噴出する。そうなって初めて私たちは、「ムダ」でも「コスト」でもなかったのだと思い知らされることになる。ハンドルに遊びのない車は危ないが、普段の暮らしや医療・福祉・介護の体制にゆとりのない社会はもっとひどいのだ、ということに改めて気付くのだ。

そして、感染拡大以前には、全く気付きようもなかった日常の些細な交流や生活場面の豊潤さを改めて思い知ることとなった。さらに言えば、この社会の存立基盤をなしている人と人の相互依存の関係性が最もクリアに映し出されてくるのが、私たちの介護の領域かもしれないということへの気付きでもあった。介護のある暮らしを経験することは、真に人間の顔をした関係を紡ぎうる世界に接続されているのではないか、と言い切ることができるのであれば、これは介護に携わる私たちの希望にも接続可能な言説である。

「弱いロボット」からの学び

他者を頼りに、その力を借りながら暮らしていくことの意味を、筆者はもう一つ別な角度からも学んだ。認知工学者・岡田美智男《おかだみちお》の「弱いロボット」研究に教わったことだ。私が初めて岡田の研究を知ったのは、その著書『弱いロボット』（2012年）だった。ロボットの研究書が、医療介護を専門に扱っている出版社のそれも「シリーズ　ケアをひらく」の一冊として世に出たのはどういうことなのだろうか。訝《いぶか》しく思いながらページをめくってみて驚いた。ゴミを拾うことができずにまごまごしているゴミ箱ロボットを見て、保育園児たちが誰に言われるでもなく率先してゴミ拾いを手伝い始めた、というのだ。ヒトのケアする心と行為を引き出す、弱いロボットの凄い力。以来、私はこのテーマを何度も話題にして、学生たちの演習テキストにもしてきた。

ゴミを拾えない「ゴミ箱ロボット」、一緒に手をつないで歩くだけの「マコのて」、たどたどしく話す「トーキング・アリー」等々、一人では何もできない弱いロボットがつくるコミュニケーションを通して、見るに見かねてほうっておけずに思わず手を差し伸べてしまうことを「ケアの衝動」として考えて、ヒトの社会形成とケアの相関性について考えてきた。

私たちは、常套句《じょうとうく》のように人は一人では生きられないと口にするが、それでは、なぜ人は他者や外部環境の力を必要とするのか、については深く考える機会は多くない。内なる視点から見るならば、私たちの身体や自己というのは完結したものではないということへの内省である。そんな心身にまつわる不完結さ、つまり脆さや弱さが周囲との関わりの欲求へと起動していくのだ。その不完結さを周りとの調整のなかで補っていくことがコミュニケーションの実態と言える、というのが岡田の「弱いロボット」の主張なのだと思う。

自立と依存の相関性

「自立と依存」に関しては、経済学者中村尚司《なかむらひさし》の指摘に教えられた。中村は、自立には2つの方向があるという。第1は自分のことはすべて自分で決め自分で実行するという方向であり、第2の方向性は、孤立とは正反対のものだという。中村はこの第2の自立の方向にその本質を把握し、小島直子《こじまなおこ》の著書『口からうんちが出るように手術してください』（2000年）を参照しながら、自立とは「依存する相手が増えることだ」という。この本の著者・小島は先天性脳性小児マヒのために手足のほとんどが動かせず24時間の介護を必要として暮らしている。排泄のサポートが必要なために、ウンチを口から、という自身の生活実態に根差した欲求を言い表す書名となった。その彼女が大学進学を経て親元を離れ、自立生活にチャレンジする。毎日のトイレ、入浴、食事、移動などで介助者のサポートを受けながらの暮らしを綴ったこの書に学んで、中村は次のように記す。「自立とは何か」という自身が抱えてきた長年の問いに「自立とは依存することだ」と確信を持って言えるようになった、と。

神仏ならぬ人間にとって、完全な自立なぞあり得ない。もともと私たちは、不完全な存在である。自立とは、常に程度の問題である。どの程度まで自立しているかは、どの程度まで依存する相手を広げ、多様化しているかで測ることができる。小島直子の経験が教えている通り、「人間にとって自立とは、依存の深まり」にほかならないのである（中村「当事者性の探求と参加型開発」）。

小島の大学時代のゼミの指導教員であった加納恵子《かのうけいこ》も、この書のあとがきで中村と同様のことを言っている。

〈一見、自分の権限を全部委譲しているかのようなナオコが、みごとに近代の自立概念（「自分のことは自分でしよう！」というリハビリの目標みたいな）を超えて、自他のハーモニアスなケア関係をのびやかに、日々楽しんでいる様子が、伝わってくる。〉

（加納「小島直子という存在――あとがきにかえて」）

幼少期にポリオ（いわゆる小児マヒ）を患い車椅子利用者となった当事者研究を主宰する熊谷晋一郎《くまがやしんいちろう》も、周囲の力を借りながら生きていくことを「自立」と言い切っている（熊谷「自立は、依存先を増やすこと　希望は、絶望を分かち合うこと」）。障害者は、そうでない人に比して依存する人や場、資源があまりにも不足している、そのための社会的合意の形成も道半ばだ、だから不自由なのだ。自由の獲得のために依存先を増やそうではないか、という主張である。介護する人の自立や自由の獲得にも共振する理解と言えよう。

「依存批判」という社会批判論

私たちが完全とは程遠い脆弱な存在であり、依存して生きる存在だということを、徹頭徹尾、正面から擁護した研究に、アメリカの哲学者であるE・F・キティの『愛の労働あるいは依存とケアの正義論』（岡野八代《おかのやよ》・牟田和恵《むたかずえ》監訳）がある。この書でキティは、彼女自身が

「依存による批判（依存批判）dependency critique」と呼ぶ社会批判論を展開する。「依存批判」という日本語訳をその字面《じづら》だけで理解すると、依存へのアンチテーゼとも受け取られかねないものだが、そうではない。その意は以下のようだ。生まれてからしばらくは、そして人生の終末でもまた、さらには心身に負う病気や不調によって、私たちの生が不可避的に他者のケアに依存しなければならないという事実を覆い隠して平等を定義することはできない。依存を組み込まない平等ではなく、依存を包摂する平等理論を作り上げるための作業こそがこの「依存批判」という社会批判論だというのである。

キテイの前掲書の解説書とも言えるのがキテイ著、岡野・牟田編著『ケアの倫理からはじめる正義論』だが、この書に社会学者の江原由美子《えはらゆみこ》が、キテイの言う「依存批判」とは何かについて、実に簡潔に解説している。

〈人間は誰もがすべて、その生涯において一定期間は「依存」の状態にある。また長期間あるいは一生にわたってその状態にある人もいる。その意味において「依存」とは、「たまたま生じたまれな状態」、「それゆえに無視してもかまわないような状態」なのではなく、私たち人間の基本的条件なのだと、「依存批判」は主張する。「依存」を人間の基本的な条件とみなすことは、「依存者」をケアする活動を行なうことをも、人間の基本的条件とみなすことを意味する。〉（江原「『依存批判』の射程」）

自立と依存を対立的に捉え、「依存」をあるべきではない否定的状態としてきたこれまでの正義や平等という社会理論への対抗である。他者の助けを借りながら、また他者を助けながら生きられることこそが社会の存在の本質として肯定される。そして、ケアを引き受ける有償・無償すべての「依存労働」の真っ当な社会的評価を含む「依存」を前提とした社会の在りようを提起している。対自立で捉えられる「依存」と、孤立と対比される「依存」とを例示して、前者はネガティブだが、後者はポジティブなものとキテイは指摘する。私はあなたに、あなたは私に依存している、だから私は孤立していない、というように。

私たちのケア・コミュニティにも通底する、人間と社会の本質を深く掘り下げた意義ある知見だ。人は決して完全なものではなく、より本質的なところで支え合い助け合いながら生きているのだ。不完結さを認め合うがゆえに他者や環境の助けを借りながらより良い関係を築いていこうという欲求も生まれるのだ。人間の弱さが人とのつながりをより深め、生を豊かにしていく。これこそが普遍的な人間像であり、その人間が生きるにふさわしい社会像なのだ、と私は考えている。

180万年前の「介護」の徴

本章の冒頭で紹介した「介護することは人間の証明です」(樋口恵子)。なぜならば、介護は他の動物は決してしない営みだから、という。

介護が人間に固有な営みとしてあるのならば、その行為はいつから始まったのだろうか。この問いに最新の発掘調査や遺伝子研究を満載したNHKスペシャル「人類誕生」が答えていた。番組が放映されたのは2018年だったが、最新科学の到達点を斬新《ざんしん》なグラフィックを駆使して、人類誕生のドラマを解説していた（その後、書籍化）。ヒトはいつからヒトになったのか。ヒトはどのような環境変化を経て、いま地球上に70億人もの子孫が暮らすという圧倒的な成功を収める種となったのか。「人類誕生」を手引きにして先の問いに答えてみよう。

番組では、この地球上で展開された厳しい生存競争を勝ち抜いてきた原動力について、それはヒトの「弱さ」であったことが、「逆転に次ぐ逆転」というフレーズで幾度となく語られている。本書の「介護」というテーマに引き付けてみれば、それが主題ではないとは思うが非常に興味深い知見が随所にちりばめられていた。私たちの今の社会では、コストとして社会のお荷物のように扱われている介護こそがヒトをヒトたらしめ、その社会の源流となってきたことを遠い祖先たちの遺跡をもとに語っている。

二足歩行するヒトとナックル歩行（指の背を地面につく歩き方）のチンパンジーらが共通の祖先からそれぞれ違う進化の道を歩み始めたのは700万年前。私たち「ホモサピエンス」

のほかにも、今はすべて絶滅しているが20種ほどの違うヒトが存在し、その幾つかは同時期に共存していたという。400万年前には、もう一夫一妻が主流となる家族をつくって暮らしていたというから驚きだ。メスをめぐってオス同士が争うのを回避し、メス争奪のエネルギーを暮らしや子育てに投入した。武器となったオスの牙《きば》は極端に退化し、オスとメスの体格差も漸減した。その結果、オスの暴力性は低下し、オス同士の争いやメスに対する暴力的な対応も減っていったと言われる。その過程で、ともに助け合いながら衣食住を確保する仲間を持つヒトになった。仲間を持つことは相互のコミュニケーションを育てるというヒトの内面の発達をもたらし、ヒトの進化に新たな飛躍を生むことにもなった。

黒海の東沿岸に位置しているジョージアという国のドマニシ遺跡に、その飛躍の跡があった。そこで見つかった老人の頭骨化石に介護の痕跡《こんせき》が残っていたというのだ。「オールドマン」の呼び名がついたその老人には歯がほとんどなかった。加齢によって歯が抜け落ちたと見られるが、歯がなくなった後も長い間生きることができていたというのだ。共に暮らす仲間たちが、柔らかな食べ物を与え、暑さ寒さに対処するなど、何かと面倒を見ながら暮らしていたのだろう。しかもこのことは、ヒトに思いやりや連帯の心が芽生えていたとする最初の痕跡だともいう。これはヒトをヒトたらしめてきたものが介護や助け合いにあったということの何よりの証だ。

いつの頃の遺跡かと思いきや、驚いた。なんと180万年前の私たち人類の遠い祖先の遺跡だというのだ。助け合いといい、思いやりの心といい、ともすれば弱肉強食が当然視され、他者を出し抜いてこそ生きられるというような傾向も見られる今の社会とはずいぶん違うようだ。家族をつくり、仲間と力を合わせて狩りをし、獲物を追いながら衣食住を確保して暮らしていたのだろう。言葉や文字を手にするのはまだもっと先の時代だ。アフリカでは「一人の老人が死ぬと一つの図書館がなくなる」（国連第2回高齢者問題世界会議でのコフィ・アナン事務総長〔当時〕の開会演説より。2002年4月8〜12日、スペイン・マドリード）と言われているが、きっと老いた人の経験や知恵も貴重だったに違いない。互いに協力して家族の世話をしながら暮らす人たちが、ヒトとその社会の源流をなしてきたと思うと希望にもなる。

コロナ禍がこれまでの生活や価値観のドラスティックな更新という新たな社会像を求めているが、次のように言うことは飛躍に過ぎるだろうか。ヒトとその社会に連帯の心を植え付ける最初の一歩となった180万年前の「介護」の徴《しるし》にこそ、コロナ後の人類社会の普遍的モデルが埋め込まれているのだ、と。

私たちが本書で主張しようと思い立った「介護のある暮らしを社会の標準に」とは、このようなことである。

あとがき

在宅で家族の介護を担う男性とその支援者のネットワークづくりに関わってからもう10年以上が経過した。私のプロフィールには、今も社会福祉協議会や自治会・町内会での福祉活動、民生委員、ボランティアなど地域福祉研究を専門領域と記しているのだが、いつの頃からか「地域福祉も守備範囲ですか？　器用ですね」と感心されるようになった。もちろん介護に関わっての制度政策や援助技術等々は今も素人同然なことには変わりないが、それでも「介護の人」扱いにすっかり馴染んでしまい、戸惑うことはなくなった。むしろ年齢を重ねていくにつれて自身の課題とも共振して相性のいいテーマとなったと内心喜んでいる。長い時間をかけてトレーニングを重ね、経験を積んできた分野ではなく、思いがけずに関わることになった課題に人生後半期の時間の多くを割き、忙しくしているのだが、何か人生の不思議を感じている。思うにまかせないことばかりなのだが、それもまた真っ当なことなのかもしれないのだ、と。

35歳で早世した作家・鷺沢萠《さぎさわめぐむ》の『海の鳥・空の魚』（1990年）という短編小説集のあとがきに次のような印象深い一節がある。

「どんな人にも光を放つ一瞬がある。その一瞬のためだけに、そのあとの長い長い時間をただただ過ごしていくこともできるような」。そして彼女は続ける。魚は海、鳥は空、が本来あるべきところだろうが、何かの手違いで海に放り投げられた鳥も、空に飛びたたされた魚もいたかもしれない。それでも、と。喘《あえ》ぎ悶《もだ》えながらも、生きながらえただろう彼らにだって、それでもきっとうまくいった「一瞬」はあるはずだ。喘ぎながらもただ生き抜く力にもなるような「一瞬」が。彼女のこの短編集には、この鳥や魚のような、望んで来たのでも請われてついたところでもない場違いな環境下で、それでも生き抜かねばならない市井の人々の小さな希望が収められている。1987年に最年少（当時）で文學界新人賞を受賞し、女子大生作家として文壇デビューを果たした鷺沢が在学中に書き綴った短編集だった。順風満帆に見えた彼女だったが、深い闇《やみ》の中にあったのだろうか、その死因は自死だった。あの「一瞬」のことを彼女はどのような思いで綴ったのだろうか、と私にはショックも大きかったが、それゆえに今も忘れられない作家の一人になっている。

この作品が世に出た頃、私は30代後半。世間的には不惑を目前にする頃だが、当時身を置いた環境との不調和にイラ立ち、惑いもがいていた。「本当にこのままでいいのだろうか」。

細かいことを言えば切りがないが、仕事も家庭も社会活動もそれなりに悪くない環境にあったはずなのに、それでも名状しがたい気分に囚《とら》われ喘いでいた。エラのない鳥や羽のない魚が、私自身に重なった。20歳を過ぎたばかりのこの若い作家の一文に救われたように思った。ずいぶんと気持ちも軽くなった。望ましい環境を手にできる人などごく一握りだ。むしろそうではない人のほうが圧倒的な多数派だ。思い通りにはいかないが、それでももがき抗《あらが》うことこそが生きている証ではないか、と。

それから程なくして、故郷・鹿児島で一人暮らしをしていた母が体調不安を訴え始めた。早くに夫を亡くした母は、ただがむしゃらに働いて私を含め3人の子を女手一つで育ててきたが、長男の私は京都に住み、2人の娘も家庭を持って実家を離れた。末娘の結婚直後から、寂しさが募ったのか、老人性うつ病を発症し、通院加療が日課となった。娘たちの家を訪ねては帰り、またすぐに訪ねた。精神安定剤と睡眠剤が手放せずに、寝起きに意識朦朧《もうろう》となったのだろうか、布団に蹴《け》つまずいて転倒した。大腿骨《だいたいこつ》を折って入院し、心身の不自由な生活が始まった。介護役割を担っていたのは故郷の妹だったが、遠く離れて暮らしていた私も多いときには月に1～2度の帰省に駆り出されていた。母の見舞いはもちろんだが介護を担う妹家族を気遣うという役回りもあった。時間や費用の苦労もあったが、それ以上に気丈だったあの母の老いていく様を目の当たりにすることのほうがつらかった。在宅から入院、そして施設生活への切り替え、胃ろうの施術など次々と迫られる介護方針への判断も悩ましかった。

元気な頃にしてあげられることが山ほどあったはずなのに、と悔やまれることばかりだった。母のこれまでの人生に、鷺沢の言うあの「一瞬」はあったのだろうか。自身に問うてみても、腑《ふ》に落ちる答えはなかったが、それでもなおすがってみたくなる一縷《いちる》の希望にはなった。思い通りにはいかなくても、きっとつらいことばかりではなかったはずだ、と。

私が、男性介護者の課題に出会ったのはちょうどこのような時期だった。介護する夫や息子の抱える課題への私の関心は、本文にも記してきたように、地域福祉現場に従事していた頃に出会った男性介護者のエピソードに始まるが、私自身にも決して他人事にはすることができなかった母の介護問題があったことも深く影響していた。むしろその思いが原動力となった。思いがけずに介護者になったという彼らに我が身を重ね、吸い寄せられるように深く関わるようになった。ゼミのフィールドワークの一環で、学生らと一緒に男性介護者の声に耳を傾け、その実態を目の当たりにしてきたことも、この分野への思いをより確かなものとした。『男性介護者白書』（２００７年）の刊行から「男性介護ネット」（２００９年）の組織化、そして活動の展開というこの間のプロジェクトは、上記のような私自身の個人的な事情とも符合しながら進んでいった。

男性介護ネットの10年が私たちの話題に上り始めていたちょうどその頃、中公新書編集部の並木光晴さんから新書執筆のお話を頂いた。節目の格好の機会かと思ったが、多くの人の目に留まることを使命とする新書という出版形式に、「男性介護者」という私たちのニッチなテーマが応えることができるのだろうか、と逡巡《しゅんじゅん》して3年以上が経過した。筆の運びは一向に進まなかったのだが、コロナ禍のなかでの在宅勤務を機に、オンライン授業の傍ら執筆作業に就いた。当初計画した原案とはずいぶんと違った印象のものとはなったが、辛抱強く原稿を待っていただいた並木さんの的確な助言もあって、10年の区切りとしての発刊にこぎつけることができた。積み残したことは多々あるが、またの機会を待つことにしようと思う。

本書が世に出る2021年2月は93歳で逝った母の5回目の命日の月でもある。そして、本文中でも触れた太田秀雄さん（宮城県）と堀本平さん（熊本県）、男性介護ネットの2代目代表を務めていただいた里村良一さん（岐阜県）もこの間に彼岸に旅立った。私には忘れがたい方々ばかりだ。共に過ごす年数を重ねるということは、より親密さを増すということでもあるが、お別れしなければならない時を引き寄せるということでもある。本書で記してきた私たちの取り組みは、先に逝った方々にとって介護生活でのなにがしかの支えになることができたのだろうか。生きる力の源泉ともなるようなあの「一瞬」のかけらにでもなっていたのならば、私にはこれ以上の安堵はない。まだやらなければならない課題を幾つも抱えた私たちだ。もうひと踏ん張りしたいと思う。

２０２１年２月６日

津止正敏

引用・参考文献

朝日新聞取材班『認知症とわたしたち』（朝日新聞出版、2014年）
朝日訴訟記念事業実行委員会編『人間裁判――朝日茂の手記』（大月書店、2004年）
有吉佐和子『恍惚の人』（新潮文庫、1982年）
有吉佐和子、高峰秀子「『恍惚の人』を書かせたボルテージ」（『潮』1972年9月号）
有吉佐和子、平野謙「〝老い〟について考える」（『波』1972年6月号）
クレア・アンガーソン著、平岡公一、平岡佐智子訳『ジェンダーと家族介護――政府の政策と個人の生活』（光生館、1999年）
（原著は Clare Ungerson, *Policy is Personal: Sex, Gender, and Informal Care*, London: Tavistock Publications, 1987）
池田心豪監修『サラリーマン介護――働きながら介護するために知っておくこと』（法研、2014年）
磯田光一「ユニークな老人文学」（『中央公論』1972年8月号）
一瀬貴子「高齢者の心中事件に潜む介護問題――心中事件に関する新聞記事の分析から」（『家族研究論叢』7、奈良女子大学生活環境学部生活文化学研究室家族研究部門、2001年3月）
一瀬貴子「在宅痴呆症高齢者に対する老老介護の実態に関する研究――高齢男性介護者の介護実態を中心にして」（博士学位論文、奈良女子大学、2002年）
伊藤公雄『男性学入門』（作品社、1996年）
伊藤公雄「男性学・男性性研究――個人的経験を通じて」（『現代思想』2019年2月号）

岩田泰夫『セルフヘルプグループへの招待――患者会や家族会の進め方ガイドブック』（川島書店、２００８年）
上野千鶴子「女はあなたを看取らない」（『中央公論』２００７年11月号）
右遠俊郎『小説 朝日茂』（新日本出版社、１９８８年）
江原由美子「『依存批判』の射程」（エヴァ・フェダー・キテイ著、岡野八代、牟田和恵編著・訳『ケアの倫理からはじめる正義論――支えあう平等』白澤社、２０１１年）
江村利雄『夫のかわりはおりまへん――前高槻市長の介護奮戦記』（徳間文庫、２００１年）
大熊由紀子『物語 介護保険――いのちの尊厳のための70のドラマ』上・下（岩波書店、２０１０年）
大沢真知子「介護と仕事の両立から考えるワークライフバランス社会」（『生活経済政策』２０１１年12月号）
太田啓子『これからの男の子たちへ――「男らしさ」から自由になるためのレッスン』（大月書店、２０２０年）
太田差惠子『遠距離介護で自滅しない選択』（日本経済新聞出版本部、２０１９年）
太田貞司「在宅ケアーの課題に関する試論――〝老人介護事件〟の検討から」（『社会福祉学』28－2、１９８７年9月）
太田貞司「男性介護者支援の課題――『介護殺人』検証の必要性」（『高齢者虐待防止研究』15－1、２０１９年3月）
太田素子『江戸の親子――父親が子どもを育てた時代』（吉川弘文館、２０１７年）
岡檀『生き心地の良い町――この自殺率の低さには理由がある』（講談社、２０１３年）
岡田美智男『弱いロボット』（医学書院、２０１２年）
岡田美智男『〈弱いロボット〉の思考――わたし・身体・コミュニケーション』（講談社現代新書、２０１７年）

奥山則子「性別役割からみた高齢男性介護者の介護」(『月刊地域保健』1997年1月号)
奥山則子「文献から見た在宅での男性介護者の介護」(『東京都立医療技術短期大学紀要』10、1997年3月)
小田原弘子、中山壽比古「痴呆性老人患者の在宅看護に及ぼす影響の検討――男性介護者の意識と実態調査」(『老年社会科学』14、1992年6月)
恩蔵絢子『脳科学者の母が、認知症になる――記憶を失うと、その人は〝その人〟でなくなるのか?』(河出書房新社、2018年)
春日キスヨ『介護とジェンダー――男が看とる女が看とる』(家族社、1997年)
春日耕夫、春日キスヨ『孤独の労働――高齢者在宅介護の現在』(広島修道大学総合研究所、1992年)
加藤悦子『介護殺人――司法福祉の視点から』(クレス出版、2005年)
香山リカ「ニッポン 母の肖像」(『NHK知る楽 歴史は眠らない』2009年12月-2010年1月号)
エヴァ・フェダー・キテイ著、岡野八代、牟田和恵監訳『愛の労働あるいは依存とケアの正義論』(白澤社、2010年)
(原著は Eva Feder Kittay, *Love's Labor: Essays on Women, Equality, and Dependency*, New York: Routledge, 1999)
エヴァ・フェダー・キテイ著、岡野八代、牟田和恵編著・訳『ケアの倫理からはじめる正義論――支えあう平等』(白澤社、2011年)
木下康仁『改革進むオーストラリアの高齢者ケア』(東信堂、2007年)
清田隆之『さよなら、俺たち』(スタンド・ブックス、2020年)
鯨岡峻『〈育てられる者〉から〈育てる者〉へ――関係発達の視点から』(NHKブックス、2002年)
工藤広伸『がんばりすぎずにしれっと認知症介護』(新日本出版社、2017年)
久場嬉子「『男女雇用機会均等法』から『男女共同参画社会基本法』まで――『ケアレス・マン』モデルを

超えて」（北九州市立男女共同参画センター・ムーブ編『ジェンダー白書2　女性と労働』明石書店、2004年）
熊谷晋一郎「自立は、依存先を増やすこと　希望は、絶望を分かち合うこと」（『TOKYO人権』56、2012年11月）
小泉吉永『「江戸の子育て」読本――世界が驚いた！「読み・書き・そろばん」と「しつけ」』（小学館、2007年）
小泉吉永『江戸に学ぶ人育て人づくり』（角川SSC新書、2009年）
高齢者のための西日本NGO代表団編『一人の高齢者が死ぬと一つの図書館がなくなる――国連第2回高齢化問題世界会議と高齢者のための世界NGOフォーラムから』（日本機関紙出版センター、2002年）
國分功一郎『中動態の世界――意志と責任の考古学』（医学書院、2017年）
小島直子『口からうんちが出るように手術してください』（コモンズ、2000年）
齋藤純一編著『福祉国家／社会的連帯の理由』（ミネルヴァ書房、2004年）
斎藤美奈子『名作うしろ読み』（中公文庫、2016年）
斎藤真緒「家族介護とジェンダー平等をめぐる今日的課題――男性介護者が問いかけるもの」（『日本労働研究雑誌』2015年5月号）
砂川啓介『娘になった妻、のぶ代へ――大山のぶ代「認知症」介護日記』（双葉文庫、2017年）
鷺沢萠『海の鳥・空の魚』（角川書店、1990年）
澁谷智子『ヤングケアラー――介護を担う子ども・若者の現実』（中公新書、2018年）
澁谷智子編『ヤングケアラー　わたしの語り――子どもや若者が経験した家族のケア・介護』（生活書院、2020年）
菅野則子『江戸時代の孝行者――「孝義録」の世界』（吉川弘文館、1999年）
菅野則子「江戸時代庶民の養育」（奥山恭子、田中真砂子、義江明子編『扶養と相続』早稲田大学出版部、

杉田俊介『非モテの品格――男にとって「弱さ」とは何か』（集英社新書、2016年）
杉山孝博『最初に知っておきたい認知症』（新日本出版社、2015年）
全国社会福祉協議会『居宅ねたきり老人実態調査報告書』（全国社会福祉協議会、1968年）
全国社会福祉協議会編『老人介護の実態調査報告書――民生委員制度創設60周年記念 昭和52年度民生・児童委員モニター活動』（全国社会福祉協議会・全国民生委員児童委員協議会、1977年）
全国社会福祉協議会・全国民生委員児童委員協議会編『在宅痴呆性老人の介護者実態調査報告書――民生委員制度創設70周年記念事業全国一斉社会福祉モニター』（全国社会福祉協議会・全国民生委員児童委員協議会、1987年）
髙見国生「介護家族を支える」（『家族のケア 家族へのケア』（岩波書店、2008年）
髙見国生『ああ認知症家族――つながれば、希望が見えてくる』（岩波書店、2011年）
髙見国生・外村ヒロミ・三宅貴夫・辻宣子「呆けを看つめる日々のなかで」（『看護学雑誌』1981年8月号）
武石恵美子「雇用における機会と待遇の均等――現状と今後の政策課題」（『ジュリスト』2011年6月15日号）
田中俊之『男がつらいよ――絶望の時代の希望の男性学』（KADOKAWA、2015年）
男性介護者と支援者の全国ネットワーク『男性介護者100万人へのメッセージ――男性介護体験記』第1～6集（男性介護者と支援者の全国ネットワーク、2009～2019年）
津止正敏「地域福祉とネットワーク」（加藤直樹、峰島厚、山本隆編著『人間らしく生きる福祉学――はじめて学ぶ人の社会福祉入門』ミネルヴァ書房、2005年）
津止正敏『男が介護するということ――男性介護者インタビュー調査報告書』（立命館大学人間科学研究所、2007年）

号）
津止正敏『ケアメンを生きる――男性介護者100万人へのエール』（クリエイツかもがわ、2013年）
津止正敏『ケアメン・コミュニティのマネジメント』（立命館大学人間科学研究所、2016年）
津止正敏「男性の介護労働――男性介護者の介護実態と支援課題」（『日本労働研究雑誌』2018年10月号）
津止正敏、斎藤真緒『男性介護者白書――家族介護者支援への提言』（かもがわ出版、2007年）
中島紀恵子ほか「呆け老人をかかえる家族の実態――《呆け老人をかかえる家族の会》の全国調査より」（『保健婦雑誌』1982年2月号）
中島紀恵子ほか「呆け老人とその家族の実態――呆け老人をかかえる家族の会の第二次全国調査」（『保健婦雑誌』1982年12月号）
長島明子「オヤジたちへの讃歌」（『訪問介護と看護』1999年2月号、医学書院）
長門裕之『待ってくれ、洋子』（主婦と生活社、2009年）
長野県社会福祉士会『介護問題緊急アピール特別委員会活動報告書』（長野県社会福祉士会、1999年）
中村尚司「当事者性の探求と参加型開発――スリランカにみる大学の社会貢献活動」（斎藤文彦編著『参加型開発――貧しい人々が主役となる開発へ向けて』日本評論社、2002年）
夏目漱石『私の個人主義』（講談社学術文庫、1978年）
日本ケアラー連盟「介護者支援の推進に関する法律案（仮称）政策大綱（素案）」（日本ケアラー連盟、2015年6月修正版）
日本経済団体連合会『仕事と介護の両立支援の一層の充実に向けて――企業における「トモケア」のススメ』（日本経済団体連合会、2018年5月）
根本直子「介護の『ケアメン』を増やそう」（『週刊金融財政事情』2018年9月3日号）
橋幸夫『お母さんは宇宙人』（角川文庫、1997年）
畑山郁夫「自分らしく生きることのできる社会の創出――他人の痛みを感ずる心」（『日本看護福祉学会誌』

25－1、2019年10月号）
樋口恵子『大介護時代を生きる――長生きを心から喜べる社会へ』（中央法規出版、2012年）
樋口恵子『その介護離職、おまちなさい』（潮新書、2017年）
樋口恵子『老～い、どん！――あなたにも「ヨタヘロ期」がやってくる』（婦人之友社、2019年）
平山亮『介護する息子たち――男性性の死角とケアのジェンダー分析』（勁草書房、2017年）
藤沢周平「たそがれ清兵衛」（『たそがれ清兵衛』新潮文庫、1988年）
藤本文朗、津止正敏編『働きざかり　男が介護するとき』（文理閣、2003年）
毎日新聞大阪社会部取材班『介護殺人――追いつめられた家族の告白』（新潮文庫、2019年）
松浦晋也『母さん、ごめん。――50代独身男の介護奮闘記』（日経BP社、2017年）
松田容子「BOOK GUIDE」（『女も男も』2015年秋・冬号、労働教育センター）
松本一生『認知症家族のこころに寄り添うケア――今、この時の家族支援』（中央法規出版、2013年）
松本俊彦編『「助けて」が言えない――SOSを出さない人に支援者は何ができるか』（日本評論社、2019年）
まど・みちお「朝がくると」（伊藤英治編『まど・みちお全詩集』理論社、2001年）
陽信孝『八重子のハミング』（小学館文庫、2005年）
三宅貴夫『ぼけ老人と家族をささえる――暖かくつつむ援助・介護・医療の受け方』（保健同人社、1983年）
三宅貴夫編『ぼけ老人と家族への援助』（医学書院、1986年）
三宅貴夫「認知症の妻の介護でみえたこと――介護家族と医師の視点から」第8回（『介護保険情報』11－8、2010年11月）
柳田邦男「愛する人を看取る4つの約束」（『文藝春秋』2010年12月号）
柳谷慶子「日本近世の高齢者介護と家族」（山中永之佑、竹安栄子、曽根ひろみ、白石玲子編『介護と家

族』早稲田大学出版部、2001年）
柳谷慶子『近世の女性相続と介護』（吉川弘文館、2007年）
柳谷慶子『江戸時代の老いと看取り』（山川出版社、2011年）
山田洋一「武士の介護休業制度」（『総合資料館だより』145、京都府立総合資料館、2005年10月）
湯原悦子「介護殺人事件の裁判における社会福祉専門職の関与に関する研究」（『社会福祉学』56－1、2015年5月）
湯原悦子「介護殺人事件から見出せる介護者支援の必要性」（『日本福祉大学社会福祉論集』134、2016年3月）
湯原悦子『介護殺人の予防――介護者支援の視点から』（クレス出版、2017年）
労務行政研究所『これから始める仕事と介護の両立支援』（労務行政、2015年）
和氣美枝『介護離職しない、させない』（毎日新聞出版、2016年）
鷲田清一『「聴く」ことの力――臨床哲学試論』（阪急コミュニケーションズ、1999年）
NHKスペシャル「人類誕生」制作班編『NHKスペシャル 人類誕生』（学研プラス、2018年）
『日本における認知症の高齢者人口の将来推計に関する研究』（研究代表者・二宮利治、平成26年度厚生労働科学研究費補助金特別研究事業）

男性介護者の体験記リスト

「男性介護者と支援者の全国ネットワーク」で所蔵している、同ネットワーク会員（元会員含む）によって上梓された体験記です。

荒川区男性介護者の会『オヤジの会20周年記念誌』（荒川区男性介護者の会、２０１４年）
出雲晋治『若年性アルツハイマー病全過程の症状と介護――妻の生活の充実をめざして』（クリエイツかもがわ、２０１２年）
出雲晋治『若年性アルツハイマー病――移りゆく心の苦しみに 心の介護で 幸せな認知症の人に』（出雲晋治、２０１６年）
出雲晋治『若年性アルツハイマー病の人の幸せ人生をつくる――病気を知り、楽しく、満足感と成就感を得る活動で！』（出雲晋治、２０１９年）
糸坂孝三『介護の落とし穴――権力の暴走』（幻冬舎メディアコンサルティング、２０１６年）
内忠『妻の闘病と介護の10年――自分史一葉 金婚式を迎えて』（文芸社、２０２０年）
遠藤繁『歌集 沈みし日も弾む日も』（短歌新聞社、２０１１年）
太田秀雄『妻と二人で――ある痴呆介護の記録』（男性介護者と支援者の全国ネットワーク、２０１８年）
金森一臣『へんろ道――認知症の妻〝薫ちゃん〟と歩む』（男性介護者と支援者の全国ネットワーク、２０２１年）

桐山淳『認知症妻と健忘症夫の二人三脚　北海道ドライブ旅行』（男性介護者と支援者の全国ネットワーク、2021年）
里村良一『しあわせの授業――認知症の妻が教えてくれたこと』（幻冬舎ルネッサンス、2012年）
里村良一『無為の人――自然死という介護のあり方』（文藝春秋企画出版部、2016年）
さぬき男介護友の会『さぬき男介護友の会10周年誌』（さぬき男介護友の会、2021年）
田中章介『連れ合いが呆けてゆく――老後の誤算』（文芸社、2009年）
塚田一弘『『仕事と介護』両立の厳しさ――綱渡り介護を実践して』（塚田一弘、2013年）
塚田一弘『おれ流の介護――マスコミ記者も見た！無職・無収入・健康破壊の在宅介護』（塚田一弘、2014年）
塚田一弘『心の中では今も二人三脚』（塚田一弘、2015年）
塚田一弘『「もうしゃけごあしね」「ありがとう」』（塚田一弘、2017年）
塚田一弘『「あんまり、さぶくならねえうちにな」――看取るまでの107日間』（塚田一弘、2018年）
富田秀信編著『子どもになった母さん――仕事と妻の介護は綱わたり』（文理閣、2004年）
富田秀信『千代野ノート――仕事と介護20年』（ウインかもがわ、2016年）
西尾美登里『愛すべきケアメン』（男性介護者と支援者の全国ネットワーク、2021年）
萩原啓子『このベルを鳴らす時』（静岡新聞社、2012年）
林あきゑ、林政廣『食べてへんのに払うんか?!　ショートステイの食費――94歳の訴え、京都市と国を動かす』（ウインかもがわ、2013年）
村松正男『妻へ、私は貴女に何ができますか――アミロイドーシス・骨髄腫との闘い』（文芸社、2008年）
森寛昭『きれいを探して――若年性アルツハイマー病の妻と暮らす』（男性介護者と支援者の全国ネットワーク、2021年）

矢野誠一『ママちゃんおはよう』（文芸社、2011年）

「男性介護者と支援者の全国ネットワーク」連絡先
〒603－8577　京都市北区等持院北町56－1　立命館大学人間科学研究所　気付
電話&FAX　075－466－3306（電話は毎水曜日の午後1～4時）
Eメール　info@danseikaigo.jp
ホームページ　https://danseikaigo.jp/

津止正敏（つどめ・まさとし）

1953年（昭和28年），鹿児島県に生まれる．立命館大学産業社会学部卒業．同大学大学院社会学研究科博士前期課程修了．社会学修士（立命館大学）．専門は社会福祉，地域福祉．京都市社会福祉協議会に20年間勤務したのち，研究職に転じた．2001年より立命館大学産業社会学部教授．「男性介護者と支援者の全国ネットワーク」を立ち上げ，事務局長を務める．
著書『男が介護するとき』（共編著，文理閣）
『男性介護者白書』（共著，かもがわ出版）
『ボランティアの臨床社会学』
（共編著，クリエイツかもがわ）
『ボランティア教育の新地平』
（共編著，ミネルヴァ書房）
『ケアメンを生きる』（クリエイツかもがわ）
『長寿社会を生きる』（共編著，新日本出版社）
ほか

男《おとこ》が介護《かいご》する
中公新書 *2632*

2021年2月25日発行

著　者　津 止 正 敏
発行者　松 田 陽 三

本文印刷　三晃印刷
カバー印刷　大熊整美堂
製　本　小泉製本

発行所　中央公論新社
〒100-8152
東京都千代田区大手町 1-7-1
電話　販売 03-5299-1730
編集 03-5299-1830
URL http://www.chuko.co.jp/

Published by CHUOKORON-SHINSHA, INC.
Printed in Japan　ISBN978-4-12-102632-3 C1236

中公新書刊行のことば

いまからちょうど五世紀まえ、グーテンベルクが近代印刷術を発明したとき、書物の大量生産は潜在的可能性を獲得し、いまからちょうど一世紀まえ、世界のおもな文明国で義務教育制度が採用されたとき、書物の大量需要の潜在性が形成された。この二つの潜在性がはげしく現実化したのが現代である。

いまや、書物によって視野を拡大し、変りゆく世界に豊かに対応しようとする強い要求を私たちは抑えることができない。この要求にこたえる義務を、今日の書物は背負っている。だが、その義務は、たんに専門的知識の通俗化をはかることによって果たされるものでもなく、通俗的好奇心にうったえて、いたずらに発行部数の巨大さを誇ることによって果たされるものでもない。現代を真摯に生きようとする読者に、真に知るに価いする知識だけを選びだして提供すること、これが中公新書の最大の目標である。

私たちは、知識として錯覚しているものによってしばしば動かされ、裏切られる。私たちは、作為によってあたえられた知識のうえに生きることがあまりに多く、ゆるぎない事実を通して思索することがあまりにすくない。中公新書が、その一貫した特色として自らに課すものは、この事実のみの持つ無条件の説得力を発揮させることである。現代にあらたな意味を投げかけるべく待機している過去の歴史的事実もまた、中公新書によって数多く発掘されるであろう。

中公新書は、現代を自らの眼で見つめようとする、逞しい知的な読者の活力となることを欲している。

一九六二年一一月

心理・精神医学 c1

- 481 無意識の構造（改版） 河合隼雄
- 557 対象喪失 小此木啓吾
- 2061 認知症 池田学
- 2521 老いと記憶 増本康平
- 515 少年期の心 山中康裕
- 2432 ストレスのはなし 福間詳
- 1324 サブリミナル・マインド 下條信輔
- 2460 脳の意識 機械の意識 渡辺正峰
- 2603 性格とは何か 小塩真司
- 2202 言語の社会心理学 岡本真一郎
- 666 犯罪心理学入門 福島章
- 565 死刑囚の記録 加賀乙彦
- 1169 色彩心理学入門 大山正
- 318 知的好奇心 波多野誼余夫 稲垣佳世子
- 599 無気力の心理学（改版） 波多野誼余夫 稲垣佳世子
- 907 人はいかに学ぶか 稲垣佳世子 波多野誼余夫
- 2238 人はなぜ集団になると怠けるのか 釘原直樹
- 1345 考えることの科学 市川伸一
- 757 問題解決の心理学 安西祐一郎
- 2386 悪意の心理学 岡本真一郎
- 2544 なぜ人は騙されるのか 岡本真一郎

経済・経営

中公新書

言語・文学・エッセイ

- 433 日本語の個性（改版） 外山滋比古
- 533 日本の方言地図 徳川宗賢編
- 2493 日本語を翻訳するということ 牧野成一
- 500 漢字百話 白川静
- 2213 漢字再入門 阿辻哲次
- 1755 部首のはなし 阿辻哲次
- 2534 漢字の字形 落合淳思
- 2430 謎の漢字 笹原宏之
- 2363 外国語を学ぶための言語学の考え方 黒田龍之助
- 1880 近くて遠い中国語 阿辻哲次
- 1833 ラテン語の世界 小林標
- 1971 英語の歴史 寺澤盾
- 2407 英単語の世界 寺澤盾
- 1533 英語達人列伝 斎藤兆史
- 1701 英語達人塾 斎藤兆史
- 2086 英語の質問箱 里中哲彦
- 2165 英文法の魅力 里中哲彦
- 2231 英文法の楽園 里中哲彦
- 2628 英文法再入門 澤井康佑
- 1448 「超」フランス語入門 西永良成
- 352 日本の名作 小田切進
- 2556 日本近代文学入門 堀啓子
- 2427 日本ノンフィクション史 武田徹
- 2609 現代日本を読む―ノンフィクションの名作・問題作 武田徹
- 563 幼い子の文学 瀬田貞二
- 2156 源氏物語の結婚 工藤重矩
- 2585 徒然草 川平敏文
- 1798 ギリシア神話 西村賀子
- 2382 シェイクスピア 河合祥一郎
- 2242 オスカー・ワイルド 宮崎かすみ
- 275 マザー・グースの唄 平野敬一
- 2404 ラテンアメリカ文学入門 寺尾隆吉
- 1790 批評理論入門 廣野由美子

中公新書

言語・文学・エッセイ

j2

- 2592 万葉集の起源 遠藤耕太郎
- 2608 万葉集講義 上野　誠
- 1656 詩歌の森へ 芳賀　徹
- 1729 俳句的生活 長谷川　櫂
- 1725 百人一首 高橋睦郎
- 1891 漢詩百首 高橋睦郎
- 2412 俳句と暮らす 小川軽舟
- 2524 歌仙はすごい 辻原登・永田和宏・長谷川櫂
- 824 辞世のことば 中西　進
- 3 アーロン収容所（改版） 会田雄次
- 956 ウィーン愛憎 中島義道
- 1702 ユーモアのレッスン 外山滋比古
- 2053 老いのかたち 黒井千次
- 2289 老いの味わい 黒井千次
- 2548 老いのゆくえ 黒井千次

- 220 詩経 白川　静

中公新書

社会・生活

教育・家庭

m1

1136 0歳児がことばを獲得するとき　正高信男

2429 保育園問題　前田正子

2477 日本の公教育　中澤　渉

2218 特別支援教育　柘植雅義

2004 2005 大学の誕生（上下）　天野郁夫

2424 帝国大学―近代日本のエリート育成装置　天野郁夫

1249 大衆教育社会のゆくえ　苅谷剛彦

2006 教育と平等　苅谷剛彦

1704 教養主義の没落　竹内　洋

2149 高校紛争 1969-1970　小林哲夫

1065 人間形成の日米比較　恒吉僚子

1578 イギリスのいい子 日本のいい子　佐藤淑子

1984 日本の子どもと自尊心　佐藤淑子

416 ミュンヘンの小学生　子安美知子

2066 いじめとは何か　森田洋司

2549 海外で研究者になる　増田直紀